JN279671

地域経済のダイナミズム

京都の市民と企業

井口富夫【編】

日本経済評論社

目　　次

序章　京都の経済活動と市民生活 ……………………………………… 1

　1.　変化する京都の経済と生活　　　　　　　　　　1
　2.　伝統と新しさの共存　　　　　　　　　　　　　6
　3.　地域の経済と生活：本書の概要　　　　　　　　8

第1部　伝統の中の革新

第1章　伝統産業と知的財産……………………………………………17
　　　　―デジタルアーカイブ事業の可能性を考える―

　1.　「歴史都市」京都とデジタルアーカイブ事業　　17
　2.　「デジタルアーカイブ」とは　　　　　　　　　18
　3.　京都デジタルアーカイブ推進機構　　　　　　　21
　4.　ニュービジネスに向けて　　　　　　　　　　　24
　5.　転換する「京の伝統」　　　　　　　　　　　　26

第2章　皮革産業から自動車解体業へ ……………………………… 31

　1.　静脈産業と部落差別　　　　　　　　　　　　　31
　2.　皮革産業の衰退　　　　　　　　　　　　　　　34
　3.　崇仁地区の皮革産業　　　　　　　　　　　　　37
　4.　自動車解体業とリサイクル　　　　　　　　　　43

第3章 地域の拠点としての郵便局ネットワーク ……………… 53

   1. 注目される郵政3事業のあり方　　　　　　　　53
   2. 郵政省の業務と郵便局ネットワーク　　　　　　54
   3. 郵便局ネットワークとは　　　　　　　　　　　56
   4. 京都市における郵便局ネットワーク　　　　　　58
   5. 地域の拠点としての郵便局　　　　　　　　　　64
   6. IT革命と郵便局ネットワーク　　　　　　　　　66
   7. 郵便局ネットワークの今後　　　　　　　　　　70
   補論：郵政3事業の民営化問題　　　　　　　　　　71

第4章 創造と革新に挑戦する地域商業 ……………… 79

   1. ダイナミックに構造的に変化する小売業　　　　79
   2. 京都商業のダイナミズム　　　　　　　　　　　82
   3. 商業政策の転換　　　　　　　　　　　　　　　84
   4. 街づくりの創造　　　　　　　　　　　　　　　88
   5. 創造と革新に向かって　　　　　　　　　　　　93

第2部　創造性の発揮

第5章 地域と大学をつなぐリサーチパーク ……………… 101

   1. 京都リサーチパーク　　　　　　　　　　　　　101
   2. 産学連携の結節点としてのリサーチパーク　　　107
   3. リサーチパークと地域との結びつき：結びに代えて　115

第6章 環境政策の潮流とエコ・ビジネスの動向 ……………… 121

   1. 環境政策の潮流　　　　　　　　　　　　　　　121
   2. エコ・ビジネスの現状と動向　　　　　　　　　129

3. 京都におけるエコ・ビジネス　　　　　　　　　　136
　　　4. 京都のエコ・ビジネスの展望　　　　　　　　　　151

第7章　高齢化社会における福祉用具と地域 ……………………157
　　　1. 本章の意図と構成　　　　　　　　　　　　　　157
　　　2. 地域概念の考え方　　　　　　　　　　　　　　158
　　　3. 福祉用具の概念と特質　　　　　　　　　　　　159
　　　4. 福祉用具と市場　　　　　　　　　　　　　　　163
　　　5. 京都の実情　　　　　　　　　　　　　　　　　167
　　　6. 本章の確認　　　　　　　　　　　　　　　　　174

第8章　金融システム改革と農業協同組合 ……………………179
　　　1. ビッグバンの進行と農業協同組合　　　　　　　179
　　　2. 農協の業務と組合数の推移　　　　　　　　　　181
　　　3. 範囲の経済性とは　　　　　　　　　　　　　　185
　　　4. 金融機関における範囲の経済性：これまでの実証研究　187
　　　5. 測定方法とモデルの定式化　　　　　　　　　　190
　　　6. 実証分析　　　　　　　　　　　　　　　　　　192
　　　7. ビッグバンと農協経営　　　　　　　　　　　　195
　　　8. 研究対象としての有望な農協　　　　　　　　　197

　地域研究の継続：あとがき ……………………………………201

序章　京都の経済活動と市民生活

井　口　富　夫

1. 変化する京都の経済と生活

1.1　歴史都市とIT革命

　京都市の企画調整局の調べによれば，国宝も国の重要文化財も，その占有率の第1位は東京である．しかし，それは，博物館等に収蔵されている美術工芸品などの文化財が東京に偏在しているからであり，博物館に収蔵できない建造物だけで見ると，国宝でも，重要文化財でも，京都市が他の都市を圧倒して，全国ナンバーワンだそうである．その結果として，京都は世界でも有数の観光都市になっている[1]．「古都」，「文化観光都市」ないし「歴史都市」と称される京都であるが，そこで営まれている経済活動や日常生活は，着実に変化している[2]．

　IT革命と呼ばれる情報通信技術の急速な発達は，グローバルな規模で多方面に，大きな波紋を投げかけている．京都市とその周辺地域も例外ではなく，企業活動も，市民生活も，行政も，急速に，その姿を変えつつある．「京都市情報館，Kyoto City Web」は，京都市の公式のインターネットWebサイトである．このサイトは，図1のような項目から構成されている．まちづくりの基本方針や21世紀のグランドビジョンなど，京都市の基本的な姿勢に始まって，市民への行政サービス案内，統計資料や歴史上のトピック・観光イベントを交えながら，京都の特徴の紹介・魅力のアピール，最新の市政情報から市職員の募集まで，ありとあらゆる情報が掲載されている．

図1 京都市情報館

出所：京都市情報館（http://www.city.kyoto.jp/koho/ind_h.htm）より転載．

　経済企画庁の発表によれば，2000年3月末時点でのパソコンの世帯普及率は，38.6%となり，前年同期に比べ9.1ポイント上昇した，ということである（『日本経済新聞』2000年4月22日（土），第1面）[3]．一方，インターネットの普及率は，日経BP社の調査では，2000年3月末では23.7%に達し，1999年9月の調査時点に比べ，8.7ポイント上昇している（『日経産業新聞』2000年4月24日（月），第2面）．各家庭において，情報収集の手段としてだけでなく，情報発信の手段としても，パソコンおよびインターネットが，頻繁に利用される時代になっている．もちろん，企業活動においては，家庭での情報化とは比較にならないほど，IT革命の影響は大きいであろう．京都

においても，このような傾向は，当然進みつつある，と推測し得る[4]．ここでは，インターネットによるオンライン・ショッピングの普及状況を通して，企業活動と消費者行動の直接の接点において，IT革命がどの程度進展しているかを考えることにする．

　検索サイトのヤフー（Yahoo Japan）で，「京都」と「IT革命」をキーワードに検索すると，36件のページが見つかった．そのうち，特に京都に関連が深いページに，平安電視台がある．平安電視台は，1996年（平成8年）にJEM INC.の情報関連事業部として設置され，京都市西京区に立地している．1999年（平成11年）に，インターネットWebサイトでの通信販売を開始している．現在は，パソコン鞄・関連用品，おしゃれバッグ，きもの等を扱っている．

　「京都」と「オンラインショッピング」の2つのキーワードから検索すると，4件の登録サイトに一致した．「Welcome to Kyoto」，「Kyoto Kiss Club」，「京焼　清水焼」，「大手筋商店街」の4件である．これら4件は，それぞれ関連分野の紹介を行うとともに，オンライン・ショピングのコーナーも備えている．「Welcome to Kyoto」は「家具のアオキ」の，「Kyoto Kiss Club」は出店している各企業の，「京焼　清水焼」は清水焼の，それぞれオンライン・ショッピングが可能になっている．（なお，「大手筋商店街」には，アクセスできなかった．）

　ヤフーで，「京都」と「モール」をキーワードに検索すると，重複を除くと，4件の登録サイトに一致した．このうち，京都市に関連したものは，「京都モール」と「アドルックワールド」の2件であった．他の2件は，福知山と舞鶴のサイバーモールである．「京都モール」は，シルクの衣料品から，化粧石鹸，ケーキ，パソコン，3階建て住宅まで，多種多様な製品を販売している．「アドルックワールド」は，京都に関連したオンライン・ショッピングが出来るようになっている．

1.2 新たな動き

IT 革命以外に，最近の世界的な規模での潮流として，「国際化」，「高齢化」，「規制緩和」がある．京都でも，これらは，猛威をふるっている．任天堂が，アメリカ大リーグ，シアトル・マリナーズのオーナーになったことが，少し以前に話題になった．京都に立地する大手企業が海外進出することは，いまさら珍しくもない．これまで，海外とは無縁と思われていた分野でも，変化が生じている．たとえば，昨年の『京都新聞』（1999 年 5 月 3 日（月），第 6 面）に，「西陣織ネクタイに夢を懸ける」と題する記事が掲載された．長期不況に悩む西陣織産地が，「織物ネクタイ」のアメリカ向け輸出に本格的に乗り出す，という記事であった．国内需要が期待できないための窮余の策かも知れないが，西陣織産地の今後を左右するかも知れない新しい動きである．

京都においても，「高齢化」の波は，着実に押し寄せている．表 1 からも分かるように，京都市における 65 歳以上の人口比率は，年々上昇の一途をたどっている．今年（2000 年）の 4 月時点では，17.2% にまで上昇している．

「規制緩和」については，京都の場合，建造物の高さ制限と，エムケイ・タクシーが特徴的である．「歴史都市」としてのまちの景観を守るため，京都市は，1972 年（昭和 47 年）に，市街地景観条例を制定し，建造物の高さ制限を実施した．しかし，京都ホテルや京都駅ビルなど，すでに例外が出てきている．京都ホテルは，高さが 60m であり，京都駅ビルは，高さが 59.8m になっている．なぜ，例外をつくるのか，あるいは，そもそも高さ制限が必要なのか等，根本的な議論は進んでいないが，とにかく，建造物に対する規制は徐々に変化している．南部幹線通り沿いの「高度集積地区」には，京セラの本社ビルが，1998 年 8 月に伏見区で完成している．その高さは，地上 20 階で 95m である．また，日本電産は，京都市南区久世殿城町に，地上 21 階・高さ 100m の新本社ビルを，2003 年春の完成を目指している．

タクシー業界では，「同一地域，同一料金」が大原則として，長年にわたって守られてきた．ここに，「風穴」を開けたのが，エムケイ・タクシーで

表 1　人口の高齢化：京都市

各月 1 日現在

年月次	人口総数 （人）	構成比（%）		
		年少人口 （15 歳未満）	生産年齢人口 （15～64 歳）	老年人口 （65 歳以上）
平成 2 年 10 月	1,461,103	15.9	71.4	12.7
3 年 10 月	1,461,034	15.3	71.6	13.1
4 年 10 月	1,461,470	14.9	71.7	13.4
5 年 10 月	1,459,654	14.4	71.7	13.8
6 年 10 月	1,458,263	14.1	71.6	14.3
7 年 10 月	1,463,822	13.8	71.6	14.7
8 年 10 月	1,463,822	13.6	71.3	15.1
9 年 10 月	1,461,974	13.4	70.9	15.7
10 年 10 月	1,461,337	13.2	70.5	16.2
11 年 4 月	1,454,357	13.2	70.2	16.6
7 月	1,460,127	13.2	70.2	16.6
10 月	1,459,715	13.1	70.1	16.8
12 年 1 月	1,459,531	13.1	70.0	16.9
4 月	1,453,905	13.1	69.8	17.2

注：平成 2 年，7 年は国勢調査結果（年齢不詳分を案分した人口）です．
出所：京都市情報館（http://www.city.kyoto.jp/sogo/toukei/jinkou/qe 201.html）より作成．

あった．エムケイ・タクシーは，1982 年（昭和 57 年）に，運賃値下げ申請を行っている．この申請は，「同一地域，同一料金」に固執する運輸省によって却下されたが，エムケイ・タクシーは大阪地裁に提訴し，一審で勝訴したが，国側の控訴の結果，最終的には和解が成立している．その後も，エムケイ・タクシーは，次のような新たな試みを展開してきた．

・タクシー業界で初の回数券を発売
・タクシーの待合室「ステーションエムケイ」を京都と大阪に開設
・「企業内個人タクシー」制度を開始
・京都と関西国際空港，大阪国際空港間で，乗合ジャンボ・タクシー（9 人乗り）サービスを開始
・京都市内の 3 ルートで，100 円路線バスを申請

2. 伝統と新しさの共存

2.1 京都発日本初

京都市情報館（Kyoto City Web）によれば，「京都はこんなまち」というページに，「京都発日本初」がある[5]．平安建都より1200年を超える「古都」京都であるが，次のような日本で最初の出来事があったことが紹介されている．

① 1869年（明治2年），近代小学校として，日本初の開校式が，上京第27番組小学校（後の柳池小学校）で行われた．

② 1880年（明治13年）に，日本初の公立画学校，京都府画学校が，京都御苑内に設立された．

③ 1891年（明治24年）に，蹴上発電所が完成し，送電を開始した．これは，日本初の水力発電事業であった．

④ 1895年（明治28年）に，日本初の市街電車が，東洞院塩小路から伏見油掛通までの約6kmで走り出した．

⑤ 1897年（明治30年）に，日本初の映画上映が行われた．

⑥ 1917年（大正6年）に，日本初の駅伝競走が3日間にわたって行われた．

⑦ 1927年（昭和2年）に，鮮魚等を扱う京都市中央卸売市場が，日本初の中央卸売市場として開業した．

⑧ 1956年（昭和31年）に，日本初の自治体直営のオーケストラ「京都市交響楽団（京響）」が誕生した．

⑨ 1966年（昭和41年）に，日本初の国立国際会議場として，宝ヶ池に，国立京都国際会館が開館した．

つまり，京都は，古い伝統だけでなく，新しい息吹が，日本中に先駆けて，常に芽生えてきたことが，自慢気に紹介されている．

2.2 ベンチャー・ビジネス

現在は，第3次ベンチャー・ブームと呼ばれ，ベンチャー企業の創業が相次ぐとともに，ベンチャー企業の創業支援事業も活発に展開されている．ヤフーで，「京都」と「ベンチャー」をキーワードにして検索すると，10件の登録サイトに一致した．そのうち，とりわけ京都に関連したサイトとして，「京都大学ベンチャー・ビジネス・ラボラトリー」，「京都府グリーンベンチャー研究交流会」，「京都市ベンチャー企業目利き委員会」，「京都発元気印ベンチャー企業」があった．

「京都大学ベンチャー・ビジネス・ラボラトリー」は，京都市左京区の京都大学本部構内にあり，①将来の産業を支える基礎技術である研究開発プログラムの推進，②ベンチャー精神に富んだ創造的人材の育成，③専用の教育研究施設・設備の整備を目的にしている．「京都府グリーンベンチャー研究交流会」は，「地球環境」をキーワードにして，従来から環境関連の分野に従事している中小・中堅・ベンチャー企業と，今後この分野に積極的に取り組もうとする企業を中心に設立されている．活動内容は，会員間の交流による情報交換，行政・大学・研究機関との連携による技術開発の促進，企業連合による新たな需要開拓等である．

「京都市ベンチャー企業目利き委員会」は，本年（平成12年）4月6日現在で，8名の委員で構成されている．ベンチャー企業に関心のある学識経験者や，1代で世界的な一流企業に育て上げた創業者等からなる．この委員会は，これから事業を起こそうとする起業家を対象として，事業プランの事業性，技術・アイデアなどを評価するとともに，Aランクの認定を受けた起業家に対して，「ベンチャー企業育成支援融資」を行い，さらにVIL（ベンチャー・インキュベーション・ラボラトリー）へ優先的入居を提供している．評価は，経営者の資質・事業環境，販売・物流の状況，保有技術・アイデア等について，総合的に行われる．評価結果は，A，B，Cの3ランクに分かれている．Aランクは「事業成立可能性大」であり，Bランクは「事業成立ボーダー」，Cランクは「再チャレンジ」となっている．融資金額は，1

企業1億円以内，うち運転資金は3500万円以内となっている．融資期間は，運転資金は5年以内，設備資金は10年以内である．VILとして，現時点では，京都市下京区の京都高度技術研究所（京都リサーチパーク内），京都市下京区の京都ソフトアプリケーション，京都市南区の京都市創業支援工場がある．それぞれ，有料で一定期間入居できることになっている．Aランクに認定された企業は，すでに19社に達している．

「京都発元気印ベンチャー企業」のページから，「京都市ベンチャービジネスクラブ」に辿り着くことが出来る．「京都市ベンチャービジネスクラブ」(KVBC: Kyoto Venture Business Club) は，1985年（昭和60年）8月に，京都市の呼びかけに応じて，企業家精神にあふれるベンチャー企業が集まった交流組織である．現在，81社の会員企業と12社の賛助会員からなり，事務局は京都市産業観光局商工部産業振興課内にある．活動内容としては，会員相互の「創造・交流・成長」をキャッチフレーズに，情報交換，技術セミナーの開催，国内・海外研修の実施，共同求人などを行うとともに，「京都ベンチャー大賞」，「京都ドリーム大賞」事業を展開している．

京都は，古い伝統とともに，個性的な技術と斬新さをセールスポイントとする多くのベンチャー企業を輩出してきた．その中には，創業者が1代で，世界的な企業にまで成長させた事例が多く見られる．京都が，単に多数の国宝や重要文化財などの伝統的な文化財に依存した観光都市の要素だけでなく，起業家の精神に富んだベンチャー企業が集まる都市といった要素も持ち合わせていることを見過ごしてはならない[6]．

3. 地域の経済と生活：本書の概要

3.1 共同研究の成果

本書は，1997年（平成9年）4月に発足した「京都市とその周辺地域に関する経済学的研究」と題する研究会の約3年間にわたる研究成果をまとめた報告書である．研究会は，通称，京都南部研究会と呼ばれている．京都南部

とは，京都府の南半分を指し，具体的には京都市とその周辺地域を意味している．京都南部研究会が，最初に発足したのは，1986年（昭和61年）8月であった．発足以来の本研究会の成果は，これまでに井口［1992, 1996］として公刊されており，本書が3冊目に当たる．

龍谷大学社会科学研究所は，1969年（昭和44年）の創設以来一貫して，大学が立地する地元経済を対象に，地域経済研究を継続してきた．その代表的成果として，上記2冊以外に，上田［1981］，宮永［1986］，宮永・井口［1988］がある．京都南部研究会は，これら研究成果を継承するために実施されてきている．本研究会のメンバーは，龍谷大学経済・経営両学部と京都経済研究所に所属し，地域経済研究に関心をもつ研究者が中心になり，さらに教育・研究両面で龍谷大学に係わりの深い研究者の応援を得て構成されている．

本研究会の最初の研究成果である井口［1992］では，京都南部の地域経済と地域生活に係わる諸側面のうち，研究会の各メンバーが従来から個々に行ってきた研究領域との関係で，当時重要と思われた幾つかの課題について，各々1章を担当した．そのため，井口［1992］は取り扱ったテーマが広範囲にわたり，必ずしも全体として，まとまった内容にはならなかった．共同研究の継続性という観点からみれば，井口［1992］は長期的な研究計画の第一歩であり，主として地域の現状の幾つかの側面を把握し，地域が抱える問題点を浮き彫りにすることを目指していた，と解釈したい．本研究会の2冊目の研究成果である井口［1996］は，このような前著作成時における反省に立脚し，取り扱うテーマをもう少し狭い範囲に限定し，地域経済における公企業（公的サービス）と公的規制について，その現状を把握するとともに，民営化や規制緩和を含めた何らかの改善策があるのか否かを検討した．前著は，主として京都の企業活動に焦点を当てた議論が大部分を占めていた[7]．

本研究会の3冊目の研究成果に当たる本書は，企業活動に限定せず，それとともに京都で生活を営む住民の日常生活にもスポットを当てる努力をすることにした．

3.2 京都の経済と生活を考える

　日本経済と，それを取り巻く環境が，経済・社会・政治の側面に限らず，技術・文化面まで広範囲に，急速かつ急激に変化しつつある．経済現象に限定しても，規制緩和・民営化，国際化，情報化，高齢化等々が，市民生活および企業活動に，大きな影響を与えている．しかも，その影響は，全国一律に現われるのではなく，各地域の状況によって影響の程度は異なるはずである．しかし，残念ながら個々の地域への影響を，アカデミックな観点から詳細に扱った研究は，非常に少ないのが現状である．他方，これら一国全体のマクロ経済レベルでの変化に加えて，各地域における固有の現象と，その変化が，地域経済の今後に与える影響も無視できない．

　本書の目的は，全国的な動き，世界的な変化に加えて，地域独自の変化を総合的に把握し，これらの諸変化が，産業・企業の活動に如何なる影響を及ぼしてきたか，さらに産業・企業活動への影響を通じて，地域の住民生活の経済的利益にいかなる変化が生じたか，等々について検討することである．このような議論は，地域住民の今後のより一層の生活向上のためには，どのような地域経済のあり方が望ましいのかを探る手がかりになるであろう．

　「歴史都市」として抱える固有の問題点（ないし制約）を前提にしながら，次の3点を意識しつつ，各章において部分的ながらも，京都市とその周辺地域を研究対象として，ケース・スタディを行った．

・京都市と，その周辺地域の変化
・その変化が市民生活・地元企業の活動に及ぼす影響
・今後のゆくえと提言

　本書では，とりわけ経済学の分析手法を用いながら検討を加えた．記述的方法だけでなく，出来る限り統計数値を用いて，客観的に分析することを心掛けた．なお，本書では，地域の利益とは，市民ないし市民生活の利益である，といった観点から整理が行われている．

3.3 本書の構成

本書は，序章と2部8章からなっている．「第1部　伝統の中の革新」では，従来からの伝統の上に立って，新しい試みが芽生えてきた，ないし芽生えつつある側面を強調しながら，京都の変化が企業活動・住民生活に与える影響について検討を加えている．「第1章　伝統産業と知的財産」では，「歴史都市」京都で進行中のデジタルアーカイブ事業の意義と，この事業を推進するために設立された「京都デジタルアーカイブ推進機構」構想および，その関連事業を概観することによって，伝統産業におけるデジタル技術の蓄積とその活用が，伝統産業に新風を吹き込む可能性を探っている．

「第2章　皮革産業から自動車解体業へ」は，かつての皮革産業が畜産業の静脈産業であったように，巨大化した自動車産業もそれにふさわしい静脈産業を必要とする，という認識の下に，現代社会の要請に応えたのが廃品回収業や自動車解体業であると位置づけている．そして，廃品回収業や自動車解体業は，皮革産業の衰退と対応して，拡大してきた．しかし，部落産業として新たな環境問題を産み出している．かつての被差別部落の生業と結びついた独自な民衆文化も，このままではすたれてしまう傾向にある．被差別部落の歴史的な遺産を継承しながら，自動車解体業に転換した後も，環境問題の解決や新しい文化の創造が求められている点が指摘されている．

「第3章　地域の拠点としての郵便局ネットワーク」では，国営維持か民営化かで揺れる郵政3事業の現場事務を担当する郵便局ないし，郵便局ネットワークについて，地域社会における役割を検討している．郵便局ないし，郵便局ネットワークは，一方では郵政3事業のユニバーサル・サービスを可能にする「国民共有の生活インフラ」であり，他方では郵政3事業それぞれにおいて，民間事業者と激しい競争を演じている側面が強調されている．これらの考察から，郵便局は今後，とりわけコンビニエンスストアとの競争にさらされることが指摘されている．

「第4章　創造と革新に挑戦する地域商業」では，小売業の動向を分析し，零細店の大幅な減少と大規模店の増加そして両者の販売効率の格差の拡大を

検証している．京都市の小売業と全国平均の小売業の販売効率などを比較し，京都市の大規模店の優位性と地場産業の低迷をもろにかぶる零細店の低下の現状を統計データでもって確認している．1997年の伊勢丹の出店は京都の商業の大きな転機になった．中心地の2極化，相次ぐ大型店の出店による競争激化の現状を分析し，はざまにある商店街のなかで先進的商店街の新しい街づくりの方向を実証するとともに，消費者ニーズを解明し，生活者の暮らしとともにある中小小売店の方向性を明示している．

「第2部　創造性の発揮」においては，現代の社会・経済を取り巻く激しい動きの中で，京都の産業・企業が，従来とは基本的に異なった，いかなる新しい試みを展開しているか，その結果，地域の市民生活はどのような影響を受けているかを考えている．「第5章　地域と大学をつなぐリサーチパーク」では，京都リサーチパークは独立採算性を基準としているが，これまでの場の提供という機能から，産学交流事業の比重を高めていこうとしていること，その際，技術移転，技術開発，事業化（または創業）のいずれを促進するのか，あるいはライセンシングの前提である知的財産権の取得自体は権利の確定であり収入増加を保証しないことが指摘されている．しかし，研究者や中小企業等の研究技術開発関連データが蓄積されており，現実には中小企業との受委託技術開発もしくは共同研究・技術開発の結節点という機能を強めることが当面における産学交流の中心となるであろう，といった積極的な評価が下されている．産学交流あるいはインキュベーションを推進する上で，専門担当者の養成が必要である点も指摘されている．

「第6章　環境政策の潮流とエコ・ビジネスの動向」では，1967年の「公害対策基本法」は1993年の「環境基本法」に吸収されたが，この潮流は企業経営の意識改革を迫るものであるとの認識の下に，市場の環境意識の高まりや行政からの追い風を受けて，環境規制は，企業活動にとってもはやブレーキではなく，むしろ新たなエコ・ビジネスという市場を生むチャンスの苗床として捉えられるようになったと評価されている．エコ・ビジネスにとって，地域密着型の事業展開は成功の重要なかぎであり，「歴史都市」京都に

は，新しい分野への進取の気風があり，多様な技術に支えられた物づくりの伝統がある．さらに 1997 年の気候変動枠組み条約第 3 回締約国会議開催を契機として盛んになったエコ・ビジネスの現状と今後の動向を，環境共生都市づくりをめざす京都の企業風土を踏まえながら検討している．

高齢化の進行や介護保険制度の実施などによって福祉用具への社会的関心が高まっている．福祉用具が，その生産，流通，使用などを通して市民生活ならびに企業活動にかかわることは明らかである．「第 7 章　高齢化社会における福祉用具と地域」においては，そのかかわりの内実が地域の（経済上などの）変化に規定されるとともに，逆に地域の変化に影響を及ぼすことに着目している．

農業協同組合をはじめ，多くの大手協同組合は，事業活動を営みながら，銀行業務や，生損保業務も合わせて行ってきた．しかし，ビッグバンによる業務分野の自由化は，協同組合の金融活動に根本的な変革を迫っている．「第 8 章　金融システム改革と農業協同組合」では，このような認識から，農協を分析対象として選び，その費用構造を推計し，今後の農協経営の指針を探ろうとしている．

最後に，「地域研究の継続：あとがき」では，今後に残された課題を整理している．

注

1) 京都の観光については，山上 [2000] を参照．観光一般については，たとえば長谷 [1998] が最近の研究である．
2) 様々な局面で変化する京都を紹介した書籍に，日本経済新聞社 [1998] がある．
3) パソコンの世帯普及率は，調査機関によって若干の違いがある．マルチメディア総合研究所の調べでは，32.9％ である．（『日経産業新聞』2000 年 2 月 1 日（火），第 6 面を参照）
4) IT 革命による京都の企業への影響については，石川・田中 [1999] を参照．
5) 京都市情報館，http : //www.city.kyoto.jp/koho/konna/konna.htm を参照．
6) 京都のベンチャー企業および，京都とベンチャー企業との係わりについては，吉田 [1998]，松下社会科学振興財団企業変身京都研究会 [1998]，真下 [1999]

を参照.
7) 京都のまちづくりに関する多方面からの提言が,ねっとわーく京都編集部［1991］にまとめられている.

参考文献

長谷政弘編［1998］,『観光振興論』税務経理協会.
井口富夫編［1992］,『地域ダイナミズムの研究―京都南部地域の動向―』ミネルヴァ書房.
井口富夫編［1996］,『規制緩和と地域経済―京都市と周辺地域の動向―』税務経理協会.
石川昭・田中浩二［1999］,『京都モデル――「グローバル・スタンダード」に挑む日本的経営戦略』ピアソン・エデュケーション.
真下仁志［1999］,『ベンチャー企業と京都』同友館.
松下社会科学振興財団企業変身京都研究会編［1998］,『企業が蘇る!――どう変えるか,何を創るか』PHP研究所.
宮永昌男編［1986］,『地域パフォーマンスの研究』ミネルヴァ書房.
宮永昌男・井口富夫［1988］,『円高ショックと地域企業:滋賀県甲賀郡における構造調整ビヘイビア――社会科学研究年報・別冊シリーズ』第3号.
ねっとわーく京都編集部編［1991］,『京都2001年,私の京都論』かもがわ出版.
日本経済新聞社編［1998］,『日経都市シリーズ,京都』日本経済新聞社.
上田作之助編［1981］,『京都南部の経済と住民生活―とくに伏見区を中心として―』同朋舎出版.
山上徹［2000］,『京都観光学』法律文化社.
吉田和男［1998］,『ベンチャー・ビジネスは―限界にきた日本型経営システム―』東洋経済新報社.

第 1 部　伝統の中の革新

第1章　伝統産業と知的財産
―デジタルアーカイブ事業の可能性を考える―

マノジュ L. シュレスタ

1.「歴史都市」京都とデジタルアーカイブ事業

　目覚しい発展をとげるデジタル技術によって知的資産を蓄積し直し，京都の産業活動の再生に活用しようとする試みが，京都の地で本格的に始動してすでに1年半が経った．その中心的存在が，京都市と京都商工会議所が音頭をとって1998年8月25日に設立した「京都デジタルアーカイブ推進機構」である．

　同機構は，「京都の豊かな歴史・文化・伝統資産をデジタル化することで次世代に継承し，また，デジタル化した京都の「資産」を有効に活用することによる新産業の創出を目指し，著作権などの知的所有権を円滑に処理できる環境を目指す」ことを目的として設立された[1]．

　伝統産業関係者や大学・研究機関，コンピュータ関係社等が参加した，情報分野での新たな産官学の連携でもあるデジタルアーカイブ推進の動きは，京都以外にも，すでに岐阜県や中国・四国9県でも見られてはいるが，群を抜いた文化的資源の集積地である京都において，文化財や伝統産業の意匠といった知的資産（画像）が最新のデジタル技術を駆使してデータベース化され，産業や文化等の様々な分野での活用が試みられたことには大きな意義があると思われる．古都の壮大な試みが次世代の情報産業モデルとして実を結ぶかは依然として未知数ではあるが，大きなの可能性を秘めていることは否定できない．

本稿では，現在，歴史都市京都で進むデジタルアーカイブ事業の意義と，同事業を推進するべく設立された「京都デジタルアーカイブ推進機構」の構想及び関連事業を概観しつつ，伝統のデジタル技術による蓄積とその活用が既存の産業に吹き込む新風の可能性について考えるものである．

2.「デジタルアーカイブ」とは

2.1 デジタル化の意義

現在進行中のIT（情報技術）革命によって，経済社会を支えるデジタル財の比重は日々増加し続けている．しかし，インターネット等の情報基盤整備がある程度完了すると思われる21世紀の情報産業においては，ますますデジタル化されるコンテンツの質が問われることは必至であろう．そうなると，文化と技術の結び付いたデジタル財には巨大な市場が生れることになる．

すでにマイクロソフトのビル・ゲイツ会長は文化財のデジタル活用を目的とした会社である「コービス」を設立し，ルーブル美術館の美術品をいち早くデジタル化，商業活用の権利を獲得しているが，文化財をデジタル化して一種の「資産」として扱う動きには今後もますます拍車がかかるであろう．

このように歴史的な文化遺産などの「財」をデジタル技術で記録，保存，蓄積し，物質的な保存・修復の限界を超えて，それらの情報財を文化経済や次世代情報関連産業等，広くさまざまな分野で利用できる環境を整えることが「デジタルアーカイブ」の役割である[2]．そして，アーカイブの対象は，絵画や美術工芸品等の「モノ」から，伝統産業や芸術を支える技術等の「行為・ノウハウ」まで多岐にわたると考えられる[3]．

では，それらをデジタル化することによるメリットとはいかなるものであろうか．まず，デジタル化により紙や写真媒体の場合のような劣化や紛失を防ぐことができる．そして，各々データ変換時に品質管理の技術をも導入することにより最良の状態でデータは保存されることになる．次に，デジタル化によりデータベース化が進むので，コンピュータ管理（著作権管理システ

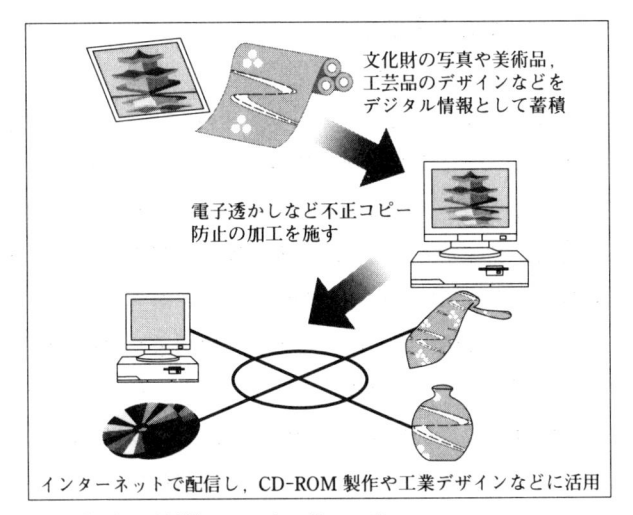

出所:『日本経済新聞』, 1999年6月15日付.

図1 「デジタルアーカイブ」のイメージ

ムの導入)が可能となり，現在や過去の利用状況の照会や，様々な項目による検索が実現できるようになる．これは，様々なニーズへの迅速な対応，新たな企画立案にとって欠かせない要素であると思われる．そして，デジタル化されることで，ネットワークを通してのオンライン送信が可能となり，より速く世界各地のユーザのニーズにも対応できることになる．これにより，世界市場を視野に入れたビジネス展開も可能となるのである．また，素材がデジタル化されていれば，CD-ROMやDVD（Digital Video Disk）といった他の電子メディアへの応用，加工も容易となるため，今後のさらなるマルチメディア化への布石となることは言うまでもないであろう．

すなわち，いったんデジタル化されると紙のように劣化しないため，原本と同じ画像がいくつでも作成可能となり，また，コンピュータ画面に呼び出せば，原本を基にした加工も容易になる．したがって例えば染織などの図案や文様をデジタル化すれば，それらを利用した新たなビジネスの展開が期待できるのである．

2.2 デジタル化における問題点

しかし，デジタルアーカイブをニュービジネスの発展に繋げるには，まだまだ越えなければならない問題が存在する．その1つに，複製が簡単なデジタル画像の不正コピーをどう取り締まるかという問題がある．アナログデータを数値に置き換えるデジタル技術はそれまでわれわれを悩ましてきた劣化の恐怖からの解放を意味する一方で，万人が簡単に利用できるために，不正コピーや海賊版が作られ易いといった問題が起こるからである[4]．

デジタル化された画像の保護に関しての法整備も未だ遅れているのが現状である．デジタル画像は「デジタル著作物」にはなるが，現行の法制度下では，著作権や意匠登録の対象とはならないため，その権利の保護があいまいなままになってしまう懸念がある．これは大きな問題であろう．

美術工芸品と応用美術品との境界付けは現実には難しいことも多いが，現行の著作権法は美術品や美術工芸品を保護する一方で，応用美術作品はその保護対象とはされないため，服飾デザインのように機能性が強く認められるものについては著作権法上の保護がなされない．また，販売目的で織った帯等は必ずしも「著作物」とは見なされないため，著作権法による保護がなされない場合が生じる．

もちろん，応用美術品は意匠法によって保護される．そのため，例えば染織品に関する意匠のうちでは，長着，羽織，帯などに関するものが意匠法の保護対象であると考えられるので，特許庁へ意匠登録を行い，保護を受けることは可能である．しかし，出願から登録までの手続きに，1，2年もかかる現実が，ライフサイクルの短い意匠製作者を意匠登録から遠ざけてきたことも否めない．また，意匠法は物品から遊離した意匠（デザイン）は保護の対象とはしていないため，模様のみや図柄のみについての保護を受けることは不可能である[5]．

また，さまざまな工程を経て完成される工芸品，例えば染織図柄等にあっては，その創作には図案の作成，染め，織りなど複数の職人が関わることになるため，権利の帰属がそもそも明確化しにくいといった現実もある．

第 1 章 伝統産業と知的財産

そのような権利保護をめぐる制度の不整備と曖昧を認めてきた慣行，さらには模倣，盗用等をめぐる業界内のモラル問題が改善できない状況にあっては[6]，伝統的知的資産のデジタル化自体に戸惑いを見せる事業者も少なくないのが現実である[7]．

しかし，「デジタルアーカイブ」を進める上では，それらの悪しき慣行の改善と権利保護のあり方の明確化は不可欠である．それらの改善なくしては，ニュービジネスの発展は期待できないからである．そのため，不正使用を防止する技術の開発もまた同時に進められている．具体的には，デジタル資産に「電子透かし」と呼ばれる不正使用防止の加工が施されることになる．具体的には，著作権保有者の ID をデジタル資産に埋め込み，専用の読み取りツールで解析すると ID が判別できるという技術である[8]．

そして，それら不正使用への対応技術の整備の一方で，デジタル著作物の権利を認めていこうとする動きも世界では活発化している．それゆえに，現在では，デジタル化そのものへの懸念よりも，知的資産を積極的にデジタル化してビジネス展開を考えようとする事実先行の傾向が強いようである[9]．

3. 京都デジタルアーカイブ推進機構

3.1 設立の趣旨

そのような時流も受けて，長い歴史に育まれた繊細な技術を有する伝統産業と，進取の気風に富むハイテク産業，ベンチャー企業が共存する都市，京都が大競争時代の都市間競争に勝ち残っていくための構想として打ち出されたもの，それが「デジタルアーカイブ」構想であった[10]．そして，京都のもつ有形無形の「歴史・文化・伝統資産」をデジタル技術で蓄積し，産業，文化等の様々な分野での活用を目指す「京都デジタルアーカイブ」[11]を着実に推進する産・官・学による仕組みとして，京都デジタルアーカイブ推進機構（会長，稲盛和夫京都商工会議所会頭）が 1998 年 8 月 25 日に設立された[12]．

同機構の事務局は京都商工会議所内に置かれ，京都市と京都商工会議所が

共同で運営する任意団体で，その設置期間は3年である[13]．同機構の進める事業には日本電信電話（NTT）や京セラなどの大手企業から地元情報系企業，染織会社まで，約200団体（平成12年1月13日現在では，特別会員138，正会員64)[14]が参加している．伝統産業に最新のデジタル技術を導入することで，先進技術を持つ企業と伝統産業の共同プロジェクトを促進し，新産業を起こそうという試みがここではなされている．

3.2 事業内容

同機構の主な事業内容には，デジタルアーカイブ・パイロット事業の企画，事業の推進及び支援，本機構会員の企業，団体等との連絡調整及び情報提供，デジタルアーカイブに関する啓発事業，マルチメディア人材育成プログラム

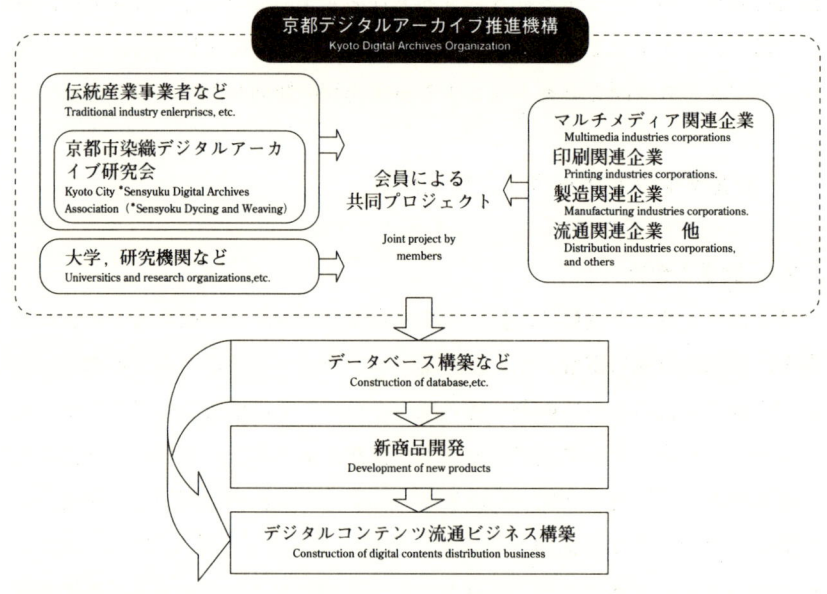

出所：京都デジタルアーカイブ推進機構（Kyoto Digital Archives Organization）パンフレットより．

図2　パイロット事業のイメージ

開発との連携,「京都デジタルアーカイブ」の今後の展開に関する研究会等の運営,その他本機構の目的を達成するために必要な事業といったものが挙げられている[15]．

同機構は,具体的調査・事例研究としては[16],(1)先進事例研修会(国内外におけるデジタルアーカイブの先進事例等の調査,会員への紹介),(2)知的財産権に関する研究会(デジタル化に伴う「知的財産権」に関する諸課題を検討するための調査・研究),(3)デジタルアーカイブ拠点に関する研究会[17](デジタルアーカイブ拠点構想の実現を目指した調査・研究),(4)伝統産業事業者等へのコンピュータ研修(デジタルアーカイブへの取組み促進を図るためのコンピュータ活用に関する研修)を行っている．

さらに,同機構は1999年7月1～2日には地域情報化の促進と地方におけるアイデンティティの確立を目指し,京都において初めての全国大会である「デジタルアーカイブ全国大会—地域情報化の促進と地方におけるアイデンティティの確立を目指して—」を開催し,「デジタルアーカイブ推進における自治体の役割」を問うイニシャティブをとった．初の全国大会において,デジタルアーカイブ事業を他の自治体においても普及できるよう国の関係省庁との連携の必要性等への提言が行われたことには大きな意義があろう[18]．

また,1998年度の「デジタルアーカイブ・ビッグバン京都'98」の成功に引き続き,1999年12月21～22日,内外の有識者を招いて行われた第1回デジタルフロンティア京都の開催も同機構が行った大きな事業であると言える．ここでは21世紀のデジタルアーカイブの流通市場において,京都が大きな役割を担うべきであるという自覚の下,世界的な重要事業となっているデジタルアーカイブの取り組みやデジタル・コンテンツ産業の可能性,そして「魅力ある文化創造と都市」をテーマに内外の有識者を招いての議論がなされた点に大きな意義があるものと思われる．

4. ニュービジネスに向けて

　京都市内にある洋装服地の染色会社，亀田富染工場（亀田和明社長）は，数年前から保管する4000枚以上の友禅染の図案画をデジタル画像として蓄積し，コンピュータグラフィックスや工業品の資料として提供している．同社は友禅染め中心であったが，和装産業の衰退とともに，洋装服地の染色に業態を転換せざるをえなくなった．かつて仕事に欠かすことができなかった膨大な友禅染めの図案は倉庫で眠ることになった．しかし，同社が思い切って図案をデジタル保存し，一部をインターネットで公開したところ，海外からも利用の申込みが相次ぐという思わぬ展開に至ったという[19]．

　もちろん，「意匠」を扱う染織の世界では，「コスト削減と省力化」のために，ソフト会社と共同で，独自の図案分色加工システムの開発が行われる等，比較的早くからデジタル技術の導入が始まっており，デジタル化への抵抗が小さかったことも追い風となっていることは否めないであろう．京都市染織試験場と業界団体，ソフト会社は染色にデジタル技術の注入を目指す「友禅柄支援システム」の開発を進めており，染色業者が持つ友禅柄をデジタル情報として体系化し，図案の作成から型彫りに至る準備工程をコンピュータによって自動化する試みがなされている．すでに，絵刷り約4千点，文様約10万点がデータベース化されたと言われるが，このデジタル技術の導入が，産業の枠を超えて，新たな価値を生み出す可能性，そして，業界の苦境を打開する可能性に大きな期待が高まっている[20]．

　デジタルアーカイブ事業を進める京都市も，西陣織や京友禅の染織意匠をデジタル技術でデータベース化し，文具やインテリア用品，生活用品等のデザイン図案として商品化していく事業，「デジタルアーカイブ商品化事業」に乗り出している．

　具体的には，京都市が伝統的な意匠をデジタル技術で保存，活用して伝統産業の活性化を図るため，染織事業者らを会員として設立した「京都市染織

第1章 伝統産業と知的財産

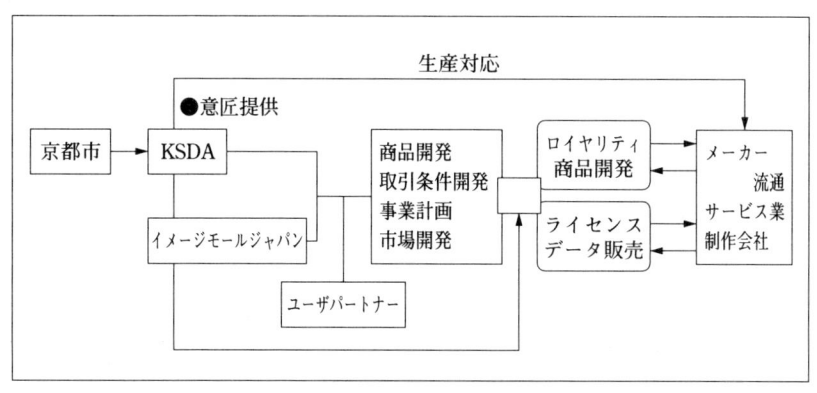

```
                                  生産対応
        ┌──────●意匠提供─────────────────────────────┐
        │                                              │
┌─────┐ ┌─────┐  ┌──────────┐  ┌──────────┐  ┌──────┐
│京都市│→│KSDA │→│商品開発    │→│ロイヤリティ│→│メーカー│
└─────┘ └─────┘  │取引条件開発│  │商品開発   │  │流通   │
           │       │事業計画    │  └──────────┘  │サービス業│
           ↓       │市場開発    │  ┌──────────┐  │制作会社│
      ┌───────────┐└──────────┘→│ライセンス │→└──────┘
      │イメージモール│      │        │データ販売│
      │ジャパン     │      ↓        └──────────┘
      └───────────┘ ┌──────────┐
                    │ユーザパートナー│
                    └──────────┘
```

出所：京都市染織デジタルアーカイブ研究会，*ARCHIVES PRESS,* Volume 9, 平成11年8月号．

図3　事業フレーム

デジタルアーカイブ研究会」（会長：松山靖史）が凸版印刷や日立製作所，朝日新聞社が出資するイメージモールジャパンとプロジェクトチーム「KyoDOS（京どす）」[21]を1999年7月14日に組織して，スポンサー企業を募って商品化事業を進めている．

　コービス社は，美術品や歴史的な写真などのデジタル化権を買い取り，積極的にデータベース化を進めいるが，イメージモールジャパンは，預託制度（著作権者の委託を受けて美術品や写真をデジタル化し，画像データベースに保存，著作権者に代わってそのコンテンツを出版社やソフト制作会社等に販売するという手法）で，著作権者に収益が還元されることをより強く意識させ，数多くのコンテンツを集めようという戦略をとり，デジタル放送やネットワーク上の各種サービスのソフトを作る素材となるデジタルコンテンツを一元管理し，マルチメディア時代の流通事業の確立を目指している．

　イメージモールにおいては凸版印刷が情報関連事業者（新聞社，出版社，広告代理店，企業の広報・宣伝・販促部門）との関わりによるコンテンツ収集，デジタル加工，制作，製造，販売等を，日立製作所がシステム技術開発力（ネットワーク，データベース，セキュリティ，高精細静止画システム，

三次元生成ソフト,衛星通信)による支援を,そして,朝日新聞社が総合情報産業としての編集・制作ノウハウ,メディア事業実績,編集資産（コンテンツ）の二次利用などによる支援を主に担当しつつ,マルチメディア時代のインフラとして,文化的・歴史的に意義のあるマルチメディアコンテンツを蓄積,世界最大規模のデジタル画像データベースの構築・運用を目指している[22]．

京都市とイメージモールとのプロジェクトがいかなる実績を挙げるのかは現時点ではまだ明確ではない．しかし,京都市染織デジタルアーカイブ研究会メンバーの持つ染織意匠約2000点のデータベース化,商品開発及び市場開拓,取引き条件の整備までを見込んでの新商品の見本市開催,国内外のメーカーや流通関係業者を対象にした商品化権の売買,使用契約の締結への試みは既に着手されている[23]．その実績からデジタルアーカイブ事業の方向性が明らかになる日も近いであろう．

5. 転換する「京の伝統」

昭和49年,日本全国各地の伝統産業を守り育てていこうと「伝統的工芸品産業の振興に関する法律」（伝統法）が施行された．同法の下,国が指定した「伝統工芸品」は193（平成11年7月）あるが,京都は17の工芸品がその指定の下にある[24]．また,全国の伝統的工芸品の年生産額の約34％は京都府が占め,全国の伝統的工芸品にたずさわる人口の約23％が,京都府にいる．

さらに,この17工芸品以外にも,京都には実にさまざまな伝統産業製品が存在していることからも[25],京都は全国的にみても,伝統産業の最も盛んな土地であると言える．それらはまさに古都京都の知的資産の賜物である．

しかしながら,戦後,一時の繁栄を謳歌したとはいえ,京都の伝統産業はその後衰退の途を辿ってきた．京都を代表する繊維工業の移り変わりをみても,昭和55年を100として事業所数,従業員数,出荷額の推移を見ると,

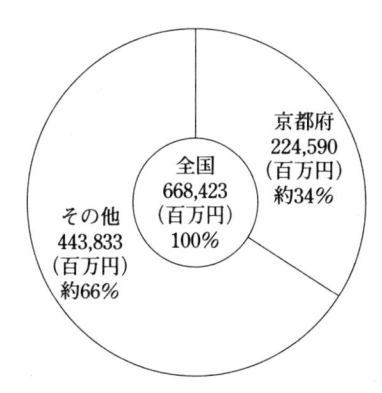

出所：京都市産業観光局，京都市教育委員会，『平成11年度版わたしたちの伝統産業』，2ページ．

図4 全国の伝統工芸品の年生産額

出所：図4に同じ．

図5 全国の伝統的工芸品にたずさわる人口

平成7年には，事業所数は57.2，従業員数は52.5，出荷額は66.3と落ち込んでいる[26]．

　職人の高齢化，後継者不足，円高による海外への生産シフト，紋紙からコンピュータによる製造への転換によって，職人は次々と「伝統」の場から消えていった．しかし，時代の変化にただ風化させられるのを待つのみが京都の伝統では決してないはずである．明治の初めにいち早くジャガード織機を導入する等してきた先取性，ベンチャー気質，さらに遡れば，大陸からの優れた技術を導入しつつ，独自の文化を開花させてきた逞しい風土，それもまた京都の伝統であった．京都に芽生えたデジタルアーカイブ事業がいかに京都の知的資産を最新のテクノロジーで蘇らせ，京都を再び文化の発信源とす

表1 繊維工業の推移（昭和55年を100とした指数）

	昭和55年	昭和58年	昭和60年	昭和63年	平成2年	平成5年	平成7年
事業所数	100.0	98.8	87.1	76.7	70.1	65.4	57.2
従業員数	100.0	93.1	82.3	72.4	66.5	61.3	52.5
出荷額	100.0	105.3	99.0	89.4	92.9	80.4	66.3

出所：京都市産業観光局，京都市教育委員会，『平成11年度版わたしたちの伝統産業』，14ページ以下．

ることができるのか，まだその答えは出ていない．しかし，伝統産業における知的財産からの価値連鎖の原動となるデジタルアーカイブ事業が生み出すニュービジネスのための戦略と組織デザインからおそらく「新しい京都」が見えてくるに相違ないと思われる[27]．

注
1) 京都デジタルアーカイブ推進機構「会員募集要項」より．
2) 武邑光裕「京の文化資源 デジタル化急げ」，『京都新聞』1998年9月29日付．
3) 京都デジタルアーカイブ推進機構（Kyoto Digital Archives Organization）パンフレット．
4) 画像と情報の支配のあり方をめぐる議論については，*Technology Review*, MIT, March-April 2000, pp. 103-105.
5) しかし，応用美術であっても，その作品が美の表現において実用目的から実質的制約を受けることなく，もっぱら美の表現を追求しているときには純粋美術と同視して著作権法の保護を認めることがある（坂田均「知的所有権Q&A」，ARCHIVES PRESS, Vol. 4, 1999年1月）．
6) 西陣織業界では，製作・流通過程が複雑なため，互いにもたれあう構造ができあがり，デザインを盗用した商品が横行しているという．また，着物や帯のデザインは流行の周期が半年ほどなので，裁判で争っても判決が出る前に別の新しい柄が出てしまい，「まねをした方がやり得」という認識さえ広がっているとの指摘もある（『朝日新聞』1995年1月5日付「「盗作」横行西陣は悩む」．）
7) *The Economist*, July 27th, 1996, pp. 57-59
8) イメージモールジャパン ホームページ（http://www.imagemall.co.jp/license/contents.html）．
9) 『京都新聞』1998年8月26日付．
10) 京都デジタル・アーカイブ推進機構，*NEWS LETTER*, 1999, No. 4, 1ページ．
11) アーカイブとは，「保管，収容する」の意味．伝統産業や文化財などの資産をデジタル技術で蓄積し，次世代に継承するとともに，産業，文化等の分野で広範囲に活用する試みで，文化庁や通産省，自治省は共同でアーカイブ事業を推進している．
12) 京都デジタルアーカイブ推進機構（Kyoto Digital Archives Organization）パンフレット．
13) その後は，必要に応じて法人化等も検討される予定（『京都新聞』1998年7月16日付）．
14) http://www.kyo.or.jp/archives/，「京都デジタルアーカイブ推進機構」

への参加を前提に染織関係者間で発足した「京都市染織デジタルアーカイブ研究会」の74会員は，前者の特別会員に含まれる．
15) 京都デジタルアーカイブ推進機構（Kyoto Digital Archives Organization）パンフレット．
16) 京都デジタル・アーカイブ推進機構, *NEWS LETTER*, 1999 No. 4, 3ページ．
17) デジタルアーカイブの研究拠点である「京都デジタルアーカイブ研究センター」（仮称）は，JR京都駅前にオープンする京都市大学のまち交流センター内に設置されることが決定した（『京都新聞』1998年7月16日付）．同交流センターは2000年9月8日オープンの予定．
18) 京都デジタル・アーカイブ推進機構, *NEWS LETTER*, 1999, No. 5, 1ページ．
19) 『日本経済新聞』1999年6月15日付（夕刊）．
20) 『京都新聞』1998年8月13日付．
21) KyoDOSとは，Kyo＝Kyoto，D＝design（意匠），OS＝owner‐ship（所有権）を指す．
22) http://www.imagemall.co.jp/news/98 to 99/wn 98/seturitu.html
23) 『京都新聞』1999年7月14日付．
24) 西陣織，京友禅，京小紋，京黒紋付染，京鹿の子紋，京繡，京くみひも，京人形，京漆器，京焼・清水焼，京扇子，京うちわ，京指物，京仏壇，京仏具，京石工芸品，京表具が指定17工芸品である．
25) 京都市産業観光局，京都市教育委員会『平成11年度版 わたしたちの伝統産業』，8ページ以下．
26) 同上，14ページ以下．
27) 知的財産マネジメントによる新しい価値の創造については，拙稿「ベンチャー企業と知的財産権―「技術独占」から「技術提携へ」―」，社団法人関西ニュービジネス協議会, *That's NB,* 平成9年3月，拙稿「日本の企業文化にみる知的財産戦略の比較―「アイデア」か「モノづくり」か―(1)(2)」『甲南経営研究』第38巻2号，第39巻1号, *Harvard Business Review,* January-February 2000, p. 54.

第2章　皮革産業から自動車解体業へ

中　村　尚　司

1. 静脈産業と部落差別

1.1　歴史的な背景

　日本の中世史や近世史を振り返ってみると，火葬の実務をはじめとして人間や動物の死骸処理は，社会的な差別と分かちがたく結びついていた．大型哺乳動物から採取する原皮を利用した皮革の加工は，社会にとって有用性が高いとはいえ，長い間廃棄物処理の一環とみなされてきた．皮革業にまつわる社会的な有用性と社会的な差別性との重層的な関係は，制度的な身分差別が廃止されたはずの現代社会にも少なからず受け継がれている．

　多くの被差別民衆がその生業として取り組んできた皮革産業は，役畜生産や軍馬生産の静脈産業として発達した典型的な部落産業であり，あわせて甲冑などの軍需品の供給源としても重要な分野であった．したがって，弊牛馬の処理に始まる皮革産業従事者は，戦国時代まで社会的な差別にもかかわらず，為政者にとっても無視することができない重要な地位を占めていた．

　江戸時代に入ると多種多様な皮革製品を非軍事的な民衆生活に供給することによって，地域によっては稲作農村よりも格段に高い経済的な収益を得ていた．丈夫で長持ちする庶民の暮らしに必要な生活用具から，派手な奢侈品の高級雪駄まで広範な市場が存在していたからである．身分的な差別の固定化にもかかわらず，被差別部落における基幹的な産業としての皮革加工業は，江戸期の経済社会の中で成長部門であったいえよう．高い経済性ばかりでな

く，各種の皮革製品を通じて，新しい民衆文化の担い手としても重要な役割を果たしてきたのである．

　全般的に農村人口が停滞していた江戸期において，柳原郷の六条村や銭座村（現京都市崇仁地区）の事例が示すように，皮革産業を担っていた被差別部落の人口増加が顕著である事実は，社会発展への貢献が大きかったことを教えてくれるのである．しかし，明治維新から第2次世界大戦へと時代が変化するとともに，軍備品や消費生活において皮革製品の比重が低下した．石清水八幡宮の麓に位置する八幡市六区地区の事例が示すように，皮革業に代って廃品回収業から自動車解体業へと隣接する静脈産業への業種転換に向かいがちである．さまざまの技術革新や新製品の開発に取り組みながら，皮革産業の存続をはかってきた場合でも，竜野市松原地区の事例が示すように，海外からの製品輸入や合成皮革などの代替品が普及するにつれて，被差別部落における伝統的な地場産業としての地位がしだいに低下し，衰退の道を歩んできたといえよう．

　それにともない，皮革産業に固有の産業廃棄物や生活環境の悪化は，相対的に減少しつつある．部落差別を少なくする上で，望ましい結果をもたらしたということもできる．皮革産業の全般的な衰退に対応する時期に，日本の基幹産業として勃興してきたのが自動車産業である．かつての皮革業が畜産や食肉加工の静脈産業であったように，巨大化した自動車生産も経常的に大量の廃車を出し続けるため，それにふさわしい大規模な静脈産業を必要とする．ここでいう静脈産業とは，商品の生産，流通，消費までを担う動脈部分の産業に対して，廃棄物の収集，再生，再資源化を担い，再生産につないでゆく静脈部分の産業である．生産拡大に精力的な設備投資を行なってきた自動車メーカーは，近年まで静脈産業としての自動車解体業にはあまり関心を示さなかった．

　皮革関連産業の衰退に対応して，この新しい社会的な要請に応えたのが，廃品回収業や自動車解体業である．八幡市六区地区では，皮革加工から転換した部落産業として大きな地位を占めるに至ったが，新たな環境問題を産み

出している．同時に，被差別部落の生業と結びついた独自な民衆文化も，このままではすたれてしまう傾向にある．その歴史的な遺産を継承しながら，自動車解体業に転換した後も，その転換にふさわしい文化の創造が求められているのである．

1.2 事例地区の紹介

本章の事例として取り上げるのは，日本の歴史において著名な皮革産業の主産地であった竜野市の松原地区，京都市の崇仁地区および八幡市の六区地区である．日本社会における皮革産業が主として被差別部落の生業であった，という歴史的な事情からこれらの3地区はいずれも同和地区の指定を受け，今日に至るまでさまざまな地域改善事業が実施されている．

第1の竜野市松原地区は，現代日本の皮革産業を代表する地域である．日本経済の高度成長に伴って，他の地場産業と同様に貿易自由化政策による製品輸入の拡大をはじめとする，さまざまの困難な問題を抱えながら，主要な皮革製品の供給地としての地位を維持している．松原地区における平均賃金よりもはるかに安価な労働力を，ほぼ無制限に供給できるアジア，アフリカおよびラテン・アメリカ諸国における皮革産業との競争に勝ちぬくには，絶えざる技術革新や新製品の開発が求められる．他方，原材料の大半は海外から輸入しているものの，皮革製品の産地であり続けているためには，悪臭や騒音ばかりでなく化学薬品をはじめとする産業廃棄物の処理など，皮革産業に固有の環境問題が地域住民の課題である．

第2の京都市崇仁地区は，江戸時代の末には大坂の渡辺村や播磨の高木村と並んで，日本で最も優れた皮革製品を市場に供給してきた．明治以降も柳原銀行の設立など積極的な皮革産業の振興に取り組んできたが，松方緊縮財政などの結果，部落の産業としては衰退の一途をたどった．京都駅に隣接するという交通至便の地の利にもかかわらず，皮革以外の他産業への転換も円滑に進まなかった．現状では，住民の4分の1以上が65歳を越えるという高齢化が進んでいる．江戸期には京都と大阪を結ぶ水運交通の動脈であった

高瀬川も，今日では輸送手段としての役割を終えている．現代では地域住民が水に親しみやすい環境を作るための流路の変更と，それに伴う新たな住環境の整備とが，最も大きな環境問題となっている．

第3の八幡市六区地区も古い歴史を持つ．石清水八幡宮の山麓に位置し，牛馬の死体処理に伴う皮革産業が衰退すると，地域住民の生業は長期に在留する朝鮮人労働者とともに，徐々に廃品回収業へと移っていった．この廃品回収業が自動車解体への導き手となった．そして，1960年代以降は他に例がないほど，零細な自動車解体産業が集積した地域となっている．交通手段の静脈産業という視点からみれば，牛馬の死体処理から部品回収業を経て自動車解体産業へという連続性が認められる．零細な解体業の集積が進むとともに，廃車から出る廃油，古タイヤ，プラスティック部品などの処理が，困難な環境問題となっている．また，典型的な3K産業であるため，日本人の若年労働力を雇用することが困難である．やむなく，相当程度まで就労資格のない，外国人労働力に依存しなければ経営がなり立たない．自動車解体業自体の後継者問題も深刻である．

2. 皮革産業の衰退

2.1 貿易自由化と靴職人の生活困難

かつては軍事産業や履き物産業の主たる担い手であった皮革部門は，1990年代に入って衰退が著しい．日本の製造業全体に占める地位は，従業員数においても出荷額においても1％以下の規模に縮小している．1980年代における皮革輸入の自由化や関税引き下げ問題は，米の自由化とならぶ日本政府の通商政策上の大きな課題であった．同和対策事業促進の根拠となった「地域改善対策特定事業に関わる国の財政上の特別措置に関する法律」(1997年までの時限立法) の立法精神に基づき，政府はGATTやWTOにおける貿易自由化の流れに抗して，皮革産業の保護に配慮してきた．しかし，1985年の日米皮革交渉やその後のウルグアイ・ラウンドなどにおいて，原皮や皮

革製品の主要な輸出国である米国やヨーロッパ諸国の強い自由化要求に譲歩を迫られてきた[1].

皮革輸入の自由化にともない，靴職人など履物産業で働く人びとの生活は大きく変わりつつある．1998年5月から7月と翌1999年の同じ時期に，東京地方履物工組合協議会が二度にわたって組合員に対するアンケート調査を実施した（1998年は664名，1999年は586名）[2]．この集計結果によれば，1997年から98年にかけて，年間の工賃収入400万円未満の層が65.2%から75.2%へ増加した．98年調査では，過去1年間に倒産にあった組合員が32件（5%），解雇された者が18件（2.8%），工賃の未払いが15件（2.3%），工賃を下げられた者が220件（37.5%）に達している．99年調査では，将来に不安を持つ組合員が461件（78.7%），他の仕事に変わりたいと思う者が370件（63.1%）に達している．倒産，解雇などのために転職を余儀なくされている人びとが急増している事情は，東京都台東区の靴職人・靴工に限らず全国各地の皮革産業に共通するであろう．

2.2 竜野市の事例

現代日本における皮革産業のおよそ7割が集積する兵庫県では，もともと靴，鞄，衣料などの革製品の素材を製造する製革業（タンナーという）が中心であり，「なめし」の技術が大きなウエイトを占めていた．1990年代には製革業の原皮のなかで，100%の国内自給が可能なのは，豚の皮だけである．現代では主として輸入原皮から生産する牛革素材の70%を，兵庫県南部の皮革産地（竜野市，姫路市および川西市）が供給している．1600年もの伝統が支える「なめし」技術により作る「革」が，被差別部落の伝統産業として継承されてきたのである．そのなかでも松原地区では，クロムなめし薄物の袋物用革（携帯電話入れ等），衣料革，手袋用，工芸用，ハンドバッグ用などを主たる製品とし，そのほかに靴用革，インテリア用，椅子張り用，カーシート用革なども生産している．

牛皮素材から皮革二次加工メーカーへ細分化された製造工程の特質は，工

場制工業として近代化が進んだ今日でも,なお多くの人手を必要とする点にある.多くの製品が,多品目・少量生産のため自動化が困難である.近年では,NIESやASEAN諸国からの日本市場向け革製品輸出が伸長し,その影響を強く受けている.日本政府も,ウルグアイ・ラウンドによる皮革製品の輸入拡大を国際的に約束しているため,伝統的な部落産業である皮革業は大きな打撃を受けつつある.また石油化学工業の成果である合成皮革が,さまざまな分野で伝統的な皮革産業の製品を置き換えているため,海外からの輸入製品と並んで国内の合成皮革との競合も深刻である.

播磨平野の竜野市は,面積70km^2,人口4万人の小都市である.播磨の小京都とも呼ばれる.その東側の加古川市に隣接する松原地区では,揖保川水系の林田川河口部に地場産業の皮革工場群が立地している.同じ竜野市において皮革産業が立地する誉田地区(73工場)や沢田地区(25工場)に比べて,松原地区には132工場が操業していて,皮革産業の集積度が高い.江戸時代には,脇坂藩5万4,000石の支配下にあり,地域住民のほとんどが浄土真宗本願寺派の門徒である.松原地区の中心にある寺院の持つ統合力は強く,多くの住民の相談役という役割も果たしている.この地区には,室津が瀬戸内海交通の要路であった古代に,中国の製革技術が渡来したと伝えられている.

兵庫県皮革産業協同組合連合会に加盟している松原皮革協同組合連合会のもとには,7つの単位協同組合が組織され,計130社が加盟している.松原地区は,成牛革の最大手(月産約15万枚)であるが,近年は袋物市場の不況による落ち込みが大きい.高齢化にともなう皮革産業従事者数の減少傾向が続いている.1992年の調査では,従業員数949人,企業当り従業員数8.4人である[3].八幡市六区地区の場合と同様に,典型的な3K労働の産業であるため,外国人労働者の就業増(労働者派遣業者が仲介する日系ブラジル人とペルー人主体)が目立っている.

皮革商品の製造過程で各種の化学薬品を大量に使用していることが,地域における環境の悪化をもたらす恐れがあり,その根本的な対策も急いで立て

る必要がある．日本では，皮革関連廃棄物だけを特定した規制はないが，総理府令による「金属等を含む産業廃棄物に係わる判定基準」が公布されている．また，兵庫県およびその市部においては，「重金属等を含む産業廃棄物の適正処理に関する要綱」が定められている．皮革業にとっては，クロムとりわけ六価クロム資源化再利用が大切である．また，製造工程に不可欠な薬品であるシンナーなどが，中学・高校生へ横流しされ，非行の原因になることも危惧されている．

皮革工場からの排水中に混入する物質の特徴は，次のようなものである[4]．
①塩類（全蒸発残留物の強熱残分，塩素イオン）
②硫化物（硫黄イオン）
③有機物（主にたんぱく質，全蒸発残留物の強熱減量）
④クロム化合物

いずれも処理が困難な産業廃棄物であり，排水に関する規制は，水質汚濁防止法に基づいている．1971年以来，皮革産業に係わる規制は一般基準よりもかなり緩やかな暫定基準が適用されてきた．しかし，次第に規制が強化され，一般基準に近づきつつある．排水処理は，直接的な利益に結びつかないコストであるため，競争の厳しい経営環境のもとで看過されがちである．

皮革産業が，直接的に産業廃棄物による被害者を出しているかどうかよりも，部落産業としての地位を向上するために厳格な排水規制をすることが不可欠であろう．皮革産業の担い手である多くの地域住民は，工場周辺の生活環境に負担をかけることの少ない生産や廃棄のあり方を模索している．

3. 崇仁地区の皮革産業

3.1 雪駄生産による繁栄

この地区の前身である六条村が書かれた歴史に登場するのは，明白な史料の存在する天正18（1590）年である[5]．この時期は豊臣秀吉が，京都の支配者としての地位をすでに確立していた．近世の全期間において，六条村（柳

原庄村)の住民は,町奉行が命じる刑罪の執行をもれなく務めることを任務としていた.このような刑警吏役を務めた村の場合には,他の村より治安維持が厳しく,無役の人間は当初少なかったと思われる.この刑警吏役は幕府から命じられた役で,すべての人が係わっていた.しかし,村人がそれだけで食べられたわけではない.もう一方の生業に皮革業があり,2本立で村の経済を支えていたのである.穢多身分の人びとは鎌倉時代からの軍需産業を基礎にした民需品の生産を拡大し,皮革製品の供給者として力を伸ばしてきた.

甲冑用になめした板目革は非常に固く,軍需産品以外の一般のものには全く用いられない.戦国時代後の太平の世は,軍需産業に従事していた穢多身分の人びとにとっては,大変な不況の時代であった.しかし,牛馬の革を柔らかくなめすという新技術の開発によって,この大不況を乗り越えた.板目革は毛と油脂分を取り除いて全部使うが,革の裏側を新技術では厚さ半分くらいまですき取る,また以前は単に天火で乾かすだけだったが,古代から行なわれていた「鹿革の脳漿なめし」という脳や内臓を発酵させてなめす方法からヒントを得て,それに灰汁を加えるなめし方が,江戸時代の初頭に播磨地方の高木村で開発され,大阪の渡辺村にその技術が移植された.そして高木村と渡辺村の2大革なめしの中心地が出来上がっていく.新技術によって牛馬の革が袋物などに使われるようになった.

ふたつの地域の革なめし技術は,厳重にその秘密が保持され,京都など他地域にはほとんど伝播されていない.したがって大阪の渡辺村には,全国の革を買い集めて高度な新技術でなめして全国市場に販売するという体制があった.かくして京都の六条村からも,大阪の渡辺村に毎年大量の生皮が搬出される流通経路が生まれた.江戸時代の初期から中期にかけては六条村の皮革業は,最終製品の生産者としては小規模に留まり,刑警吏役の方が中心であったとみられる.この六条村は,正徳4年(1714年)に,七条通り以南の現在地(妙法院領柳原荘)に移転した.その時の人口規模は,188戸789名であった.幕府の京都奉行所より洛中警備・刑吏役を任ぜられており,その

給金は年額300両であった．

　近世以前の日本の履物は，わらじか草履しかない．田舎ではわらじ，都会では草履である．下駄は昔からあるが普通の人が履くのは，明治期以降である．庶民の履物の中で最高級の履物がこの雪駄である．雪駄そのものの発明は，戦国時代にさかのぼる．しかし普及したのは元禄期以降である．享保から寛政期以降は，徐々に庶民にまで広まった．当時の雪駄は雪駄町と雪駄屋町の2カ所で製造販売された．江戸，大阪でも同様で，いずれも専門の職人が作っていた．ところが享保以降，雪駄の利用の増大とともに雪駄の製造は穢多村に移っていった．専門の職人は，高級品を作るか穢多が作ったものを商うようになり，江戸時代末期に雪駄は，ほぼ100パーセント穢多村で製造されるようになった．

　雪駄に張り付ける皮は板目革だったので，雪駄は伝統的な穢多身分の仕事を大量に生んだ．六条村の仕事の構造は変化し，刑警吏役から雪駄の製造が村の主要な産業に変貌した．それが六条村の人口増加に確認できる．1714（正徳4）年の188戸789人からたった30年後の1744年，六条村の人口は959人になり約170人増加している．江戸時代は天保までは全国人口が全く変わらない中で，これは大変異様な伸びだといえる．この人口増加を反映して六条村に新しい村を作ろうという動きが出てきた．その結果，銭座跡村をつくったあとも人口増加は止まらなかった．銭座跡は東海道線の南側に位置し，柳原の本村は東海道線の北側に位置する．この銭座跡村の開発は皮革の加工場，履物の問屋制家内工業（幕末）のためだった[6]．

　1850年頃から村の繁栄が続き，1860年代には頂点に達した．『柳原町史』によれば[7]，祭りの鉾の飾り物が安政，慶応のものは黄銅，螺鈿，織物などであることからわかる．鉾は10人位の人が乗って引いたもので，当時としては華麗なものだった．この繁栄の最大の理由は，履物産業であった．刑警吏役という幕府御用の仕事もしており，年200貫の報酬があった．多くの村民は，履物の製造・販売・修理に従事していた．明治以後，階層分化が生じ，富裕層と貧困層に分れていくが，富裕層は製造を，貧困層は修理を担当した

のであろう．履物産業は，近世ではきわめて重要な産業だった．当時の京都は人口50万という大消費地である．六条村の履物は高級だったので，旦那衆や政治や文化の中心都市を訪れる多くの人びとにも人気があった．

3.2 柳原銀行の倒産と水平社運動

明治になって東京に遷都され，消費の担い手が東京へ移ったので，履物産業は大きな打撃を受けた．『柳原町史』によれば，明治13年頃から衰微に向かい，17年頃甚だしき惨状だとある．これは履物産業の消費が衰えたこと，松方デフレで商品価格の下落が大きな打撃になっている．また江戸から明治にかけて，消費行動が変わったことも商品生産の減少となった．町内の職人層の打撃は特に大きかったと思われる．

大正・昭和期以降になって，部落は貧困で貧しくて仕事が無いというイメージが定着した．それまでは柳原庄の有力層の中に，私財をなげうって町内の生活条件を改善しようと試みたり，貯えた資本で新しく事業をはじめようとする人たちが出た．そのなかでも，柳原町の町長だった桜田義兵衛という人が最有力だった．彼は自分の資産をつぎ込んで，町の改善に取り組んだ．これは社会福祉的・都市計画的観点だった．その流れは引き継がれて，後の柳原銀行に続く．桜田義兵衛は町長として調査を行なった上で計画し，改善事業などを行なった点に大きな特徴がある．

このような桜田義兵衛の考え方は，後に部落解放運動に，さらには水平社運動に受け継がれていく．明治20年代を通じて，崇仁地区には経済的な困窮者が増えた．しかし，その中で資本を蓄積してきた階層は，いろいろな事業に進出しはじめた．彼らは経済的な力をつけることで地域住民の信用力を高め，差別者である一般社会へ対抗しようという考えだった．

柳原町の工場をみると，いちはやく近代化に対応して靴の製造を始めた人もいる．1880年以降に設立が盛んになる．19世紀末に柳原銀行が設立されると，地域住民から預金を集め，その金で融資をして産業活動に貢献することになる．当時，事業資金を必要とする零細企業の皮革工場主が多かった．

このときの資本金は 22,000 円だった．柳原銀行の創立者である明石民蔵はこれに触発され，経済力を高めることで部落の解放を進めようという強い思いがあった．

　京都銀行集会所加盟銀行の預金残高指数の伸びをみると，1911 年まで柳原銀行は順調に業績を伸ばしている．1913 年ころは業績が低迷している．この時期に大口融資先が倒産するという事件があった．当事の主要な企業のなかで，稲荷調帯株式会社の中心人物は吉川吉之助，京都皮革の中心は前田治之助だった．柳原町の人物では明石民蔵の名前が上がっている．この中で吉川吉之助は被差別部落の人だが，尾崎潔次のような部落外の人物もいる．稲荷調帯には柳原銀行も融資していたし，伏見商工銀行も融資していたが，京都皮革会社とともに赤字会社だったので，合併して規模を拡大して大正皮革株式会社になった．

　大正期に入ると東京の委託会社が市場を制覇するようになり，京都の皮革会社は業績が苦しくなった．そのため同社は，1912 年に設立されるが，わずか 5 年後に破産・解散している．その間ほとんど業績をあげられなかった．しかし工場は非常に大きいものを町内に建設している．柳原銀行の業績が悪化した理由は，大正皮革への大口融資が不良債権になったこと，経営者が鼓舞するのと裏腹に部落内の皮革産業が停滞してくること，大正に入って不況があったこと，大きな資本に負けていくという時代背景があった．町内の小口融資先や大口融資先が破産して業績が低迷した．

　大正の不況に入って，1918 年柳原町が京都市に編入された年，京都に米騒動が起きた．1920 年に柳原銀行は山城銀行になるが，その前の 1917 年に柳原銀行の中心人物だった明石民蔵が亡くなり，このころから柳原銀行は部落解放運動から離れていく．それが決定的になったのがこの米騒動である．米騒動は打ち壊しに近い状況で，事業をやっている者にとっては打撃が大きい．町内で事業を営んでいた人たちは，この前後に外へ出ていった．後身の山城銀行の本店所在地は四条西洞院，1998 年に倒産した京都共栄銀行の場所である．町の経済を発展させて部落の解放をはかるという目的が終わり，

山城銀行は頭取や役員を部落外の資産家や有力者に求めた．だが，昭和2年の金融恐慌のときに取り付け騒ぎがあり，9月に破産宣告を受けた．そのときの株主が200名であるが，柳原銀行から続いた旧株主は11名のままで，株主200名のうち大半は部落外の人で，柳原銀行の当初の意味は失われ，通常の銀行と全く同じ状態になっていた．山城銀行が破産したのは，一般的な銀行の破産とほぼ同じである．

山城銀行は昭和2年に倒れるが，実際に柳原銀行が終わったのは大正7年である．山城銀行に組織替えがあった時点で，柳原銀行の役割は終わった．柳原銀行が終わると同時に起こったのが米騒動だった．この町内で事業を営んでいた人たちが外に出るきっかけとなったのも，この米騒動だった．それは同時に彼らが世間の壁にぶち当たり，明治維新以来50年間でやっと気付いたということでもある．後に残った人は，水平社運動に向かっていった．この部落改善運動を総括した後継者が，水平社運動を起こしたともいえる．自主改善運動で経済的な力をつけて，世間に伍していくという試みは，世間に認められなかった．あとは闘うしかない．それが今日まで続いている部落解放運動の基調を作った．

戦後も皮革産業そのものは衰退を続け，しだいに生産から流通へ比重が移っていった．京都駅に近いという地の利を得て，塩小路通りなどには靴屋や皮ジャンパー店が軒を並べた．しかし，デパートやスーパー・マーケットなどの大型店舗との競争に勝てず，1980年代以降は廃業する店が続いている．靴職人の仕事を継ぐ若年層労働者，ほとんどいなくなった．1990年代には，地区内の皮革業職人数が10名以下に減少している．

皮革産業がほぼ完全に衰退しきった現在では，京都駅の東に隣接するという地の利を活かして，流通業の新たな展開や他の地域との交流を深める形のまちづくりが地域住民によって推進されている．そのために，東海道線が建設されてから大きく東西に湾曲していた高瀬川の流路を，1999年より南北に真っ直ぐに流れるよう変更する工事が始められた．文化財としての柳原記念資料館を拠点にして，かつては隆盛を極めた皮革産業の歴史的な経験を，

いかにして次代にまちづくりに受け継いでゆくかが重要な課題となっている．2000年4月に始められた実験的な地域通貨「柳原銀行券」は，地域内の資金循環の再建を試みる事業である．単に地域内の商業やサービス交換の活性化ばかりでなく，この地域通貨の発行は，地域外の人びととの交流を活発にするという役割を担っている．

4. 自動車解体業とリサイクル

4.1 廃品回収から自動車解体へ

八幡市男山のふもとに，古い歴史を持つ被差別部落がある．この地区は，国道1号線近くに立地し，新興住宅地と潅漑農地に隣接している．『八幡市誌』によれば，地域住民は，石清水八幡宮の掃除・巡検・刑吏，死牛馬の処理，皮革生産等に従事していた[8]．

1970年以降に，各種の同和対策事業が実施された結果，生活条件は大幅に改善された．隣保館をはじめ，2つの保育所，3つの集会所，公衆浴場，児童センター，老人の家，ゲートボール場，公営住宅，児童公園等の施設拡充が進んだ．しかし，施設の拡充だけでは，住みよい地域社会を築けない．経済的に自立できる条件の整備が，何よりも大切である．この部落では，農耕，軍事，輸送などに用いられた牛馬の死体を処理し，皮革製品を生産することが，伝統的な産業であった．廃棄物のリサイクル過程を担う部落の生業として，受け継がれてきたのである．

かつて牛馬は，きわめて重要な輸送手段であった．50万年もの長い間，家畜としての改良が加えられてきた．しかし，日本社会の近代化にともない，わずか50年もたたないうちに，自動車に取って代られた．畜産業に比較すれば，自動車産業の歴史は短く，個々の乗用車の耐用年数は牛馬の寿命よりもさらに短い．とりわけ，日本の乗用車の寿命は短い．実用的な交通手段というよりも，見せびらかす虚栄心の方が優先するためか，モデル・チェンジの周期が，欧米諸国よりも一段と短い．そのうえ運輸省は，35万人を雇用

する自動車整備工場を保護するために，現実離れした車両検査制度を強要して，使える車でも買い替えさせている．

　地区住民は，1950年代末に故紙，ぼろ布，くず鉄等の廃品回収業から徐々に自動車解体業へ転進を手懸け始めた．自動車部品回収の副業から，しだいに地区の主要な産業に拡大した．そして1980年代には，自動車解体処理工場が70を越え，日本最大の解体業者が集積するまでに成長した．多様な使われ方をした自動車を解体し処理する作業は，自動車の生産よりも難しいかもしれない．世界市場を制圧する基幹産業の華々しさの影で，被差別部落の生業は，交通手段のリサイクルに汗を流してきた．

　日本自動車工業会では，車を製造した以上，どこかで誰かが廃車処理をしなければならないことに気付いていたものの，無関心を装ってきた．被差別部落の仕事に任せておいた方が，生産費を切り詰めることができるからであろう．被差別部落の存在が，被差別部落住民の苛酷な労働が，日本の基幹産業の国際競争力を高めている．日本的経営が，系列化によって2万社もの下請け企業（5世代におよぶ子会社や孫会社）を組織するトヨタ自動車の強さだとすれば，その優位性は，1000年にわたる非経済的な差別の歴史に根拠を置いているといえないだろうか．

4.2　廃車処理の問題点

　『運輸白書』によれば，1997年に日本国内で保有されていた自動車（二輪車を除く）は，69,847,906台である[9]．このうち約8%から9%が毎年廃棄処分となるため，少なく見積もっても年間約550万台の廃自動車が出る．矢野経済研究所の調査によれば，使用済みの自動車が解体されると，1台の廃車から平均約4.9万円の部品やスクラップ金属の売り上げがある．したがって，自動車解体業の年間売り上げ総額は，約2,695億円と推計される．全国でおよそ5,400社と言われる自動車解体業者のうち，コンピューターネット体制に参加している中古部品商グループは，わずか7グループに過ぎない．この7グループに属する376社は自動車解体業者の7%であるが，国内中古

部品市場において32%のシェアを占めている．残り9割以上の自動車解体業者が，零細な家族経営である．この業界でもコンピューター投資ができるかどうかで，業者の競争条件が大きく変わる事態が生まれている[10]．廃車コストの負担を避けようとする零細な業者の場合，再生利用の経済的な限界に直面すると，廃車処理料の請求よりも廃業を選びがちである．

廃自動車は，ディーラーまたは個人から自動車解体業者に渡される．解体業者は部品として使用できるものを取り外し，残りをシュレッダー業者に渡す．シュレッダー業者は，さらに破砕機や磁力選別機により再利用できるものを回収する．残る粉々になったプラスティック，繊維，ガラス，樹脂，ゴムなどがシュレッダーダストとして，香川県豊島のような最終処分場に持ち込まれる．この自動車リサイクルのフローを示したものが，『環境白書』の図を若干加工した次の図1である．

自動車解体・中古部品業者は，ほとんどが従業員2，3名の零細企業である．そのため，地域ごとに任意団体や協同組合が結成されているものの，全国規模の業界団体は存在しない．1995年に設立された首都圏（1都6県）の自動車解体業者500社による「首都圏廃車流通協議会」が，現状では最大の業界団体である．通商産業省機会情報産業局は，自動車リサイクルに解体業者の果たす意義が大きいとして全国組織の設立を推進している．1998年の廃棄物処理法の改正により，自動車解体業者は器物処理業者として資格を具備することと，廃棄物の適正処理を管理する「管理表」の使用を義務づけられている．しかし，産業廃棄物処理の許可条件が自治体によって異なり，資格が取れず仕事ができなくなる業者も出ている．その結果，零細な自動車解体業者はシュレッダーダスト業者にしわ寄せが集中している．八幡市でも1970年代には78社存在していた自動車解体事業所が，2000年春には58事業所に減少し，そのうち八幡自動車処理事業協同組合に加入しているのは42事業所のみである．

自動車ユーザーの方でも，廃車のために自分の車を解体工場まで運び，多額の処理手数料を支払う準備がない．そのため，路上に放置される自動車台

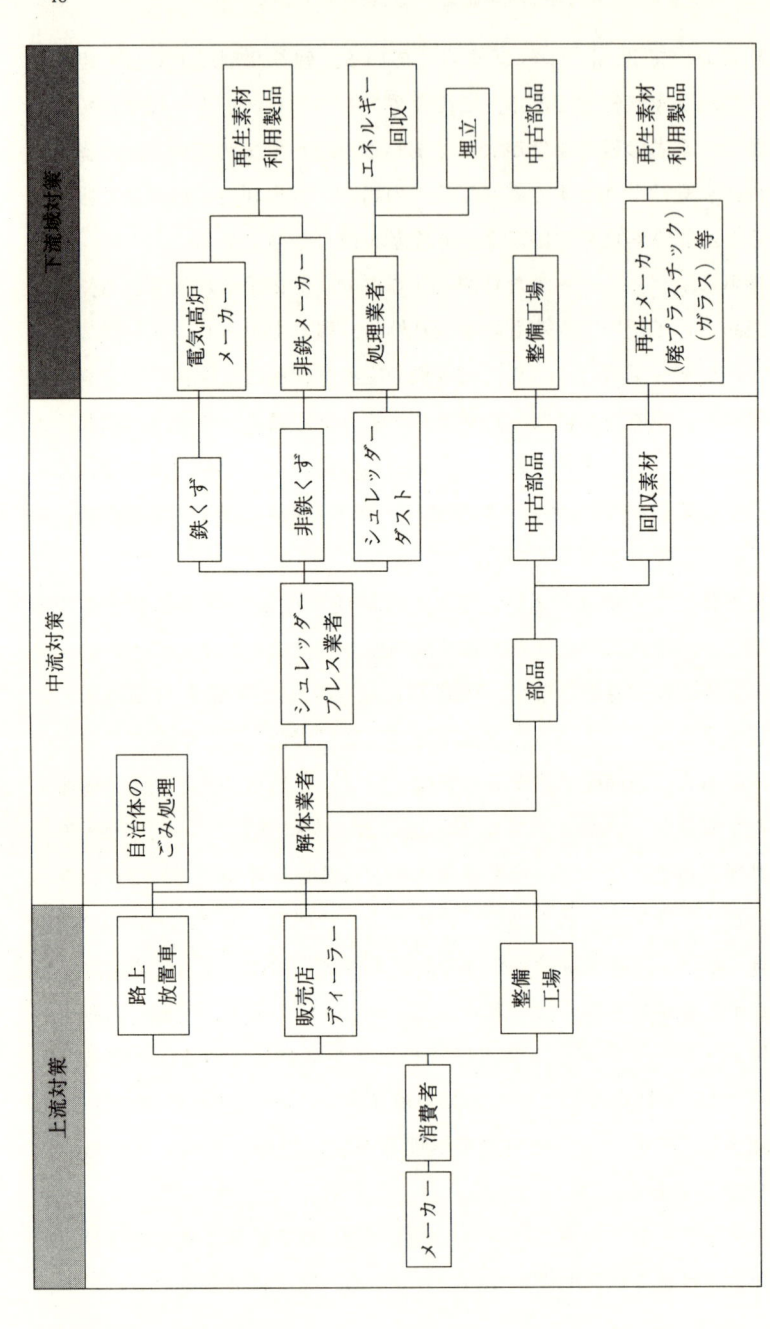

図1 自動車リサイクルのフロー図

出所：環境庁『環境白書』1998年版上巻52ページ．

数は，年々増加する一方である．道路を管理する自治体でも，所有権のある有価物なのか，生産者に責任のある産業廃棄物か，消費者の出す一般廃棄物であるか判然とせず，放置自動車の取り扱いに困っている．車両法15条に基づく正式の廃車届による処理は，手続きが面倒なうえ余分の費用がかかるので，解体される自動車の1％にも満たない．この事実を，車両法所管の運輸省近畿陸運局もよく承知している．だが，たいていの車両の廃棄処分は，車両法16条に基づく一時的な使用中止による登録抹消という方式で黙認されている．自分が運転している車の行方に，関心を持たなくてもよいシステムが出来上がっている．このままでは，放置自動車処理のための廃車税を，新車の販売時に課す必要も生まれよう．

　ドイツでは，製造者が廃車まで責任をもつことになっている．日本のメーカーもまた，ドイツ市場で販売するかぎり，廃車処理を引き受けなければならない．ドイツの高級車メーカーBMWの日本法人は，乗用車とオートバイの廃車を無料で引き取って，廃車のエンジンや触媒コンバーターをドイツに送り，交換部品として再利用することに決めた．BMWでは，廃車1台の回収に13万円のコストをかけるという．逆に，ドイツよりも生産性の高いはずの日本では，メーカーもユーザーもいまだに廃車部品の再利用に消極的である．

　日本の自動車産業では，自動車の資源回収に関心を持たないまま，乗用車の軽量化が進められてきた．リサイクル市場における屑鉄価格の下落と円高による輸入増が，この傾向に拍車をかけた．1980年にはトン当たり3万129円だった屑鉄が，93年には1万5,000円を割った．1965年の部品再利用率を100とすると，90年代では15％に低下した．1985年に比べて，部品の平均輸出価格も3分の1に低落している．屑鉄や非鉄金属（アルミニウム，触媒用白金など）以外のリサイクル困難なダストの発生量は，増える一方である．その大半がプラスティック系の有害廃棄物である．燃やせば，猛毒のダイオキシンを排出する．タイヤやシートも，野焼きすれば煙害だけではすまない有害物である．近隣の土壌に対するエンジン・オイルの油害や，エアコ

ンからでるフロン・ガスの害も無視できない．重金属を使う自動車用バッテリーも，処理困難物である．なにより，働く人の労働環境が著しく悪い．

4.3 転機に立つ自動車解体業

八幡市六区地区の廃車解体処理事業でも，1960 年代に零細企業として急増して以来，古タイヤの野焼きによる煙害が大きな社会問題となった．そのため，1973 年には地域の 77 業者が 4,454 m² の共同作業地を確保し，八幡自動車解体事業協同組合を設立してその対策に乗り出した．しかし，石油ショック後の不況のため一時解散を余儀なくされた．しかし，1977 年には八幡自動車処理事業協同組合として再建し，関連団体と共同で八幡自動車解体公害防止協議会を結成した．この時には，メーカーを代表する日本自動車工業会にも，協議会への参加を呼び掛けたが，賛同してもらえなかった．

同協議会は，1978 年に八幡市立環境保全センターを設置し，煙害の出ない焼却炉を完成して，翌 79 年より廃タイヤ，廃シートなどの焼却処理を始めた．この公害対策事業は，廃車の売り手と買い手が同じ金額を拠出する利用券制度として定着している[11]．現行の利用券制度についての概念図は図 2 に示す通りである．

この利用券の価格は 1995 年に，軽自動車が，1,000 円から 1,200 円に，普通車が 1,600 円から 2,000 円に，中型車が 4,200 円から 5,200 円に値上げされた．1992 年には日本自動車工業会と日本タイヤ工業会が，1.2 億円寄付して，総工費 6.6 億円を投資して，焼却炉を更新したからである．新しい施設は，1 時間当たり 150 本のタイヤを焼却でき，1 日 8 時間の操業で年間約 26 万本を処理できる．煙害問題は解決したが，廃車の解体処理から出る廃油，冷媒フロン，廃プラスティック，エアバッグ，LP ガスボンベなど多くの公害問題がまだ残されている．また，環境保全センターの老朽化が著しく，廃タイヤの処理費用が高額になっているので，2001 年秋までに設備の更新が行なわれる予定である．

1997 年 5 月に通商産業省では，産業構造審議会廃棄物処理・再資源化部

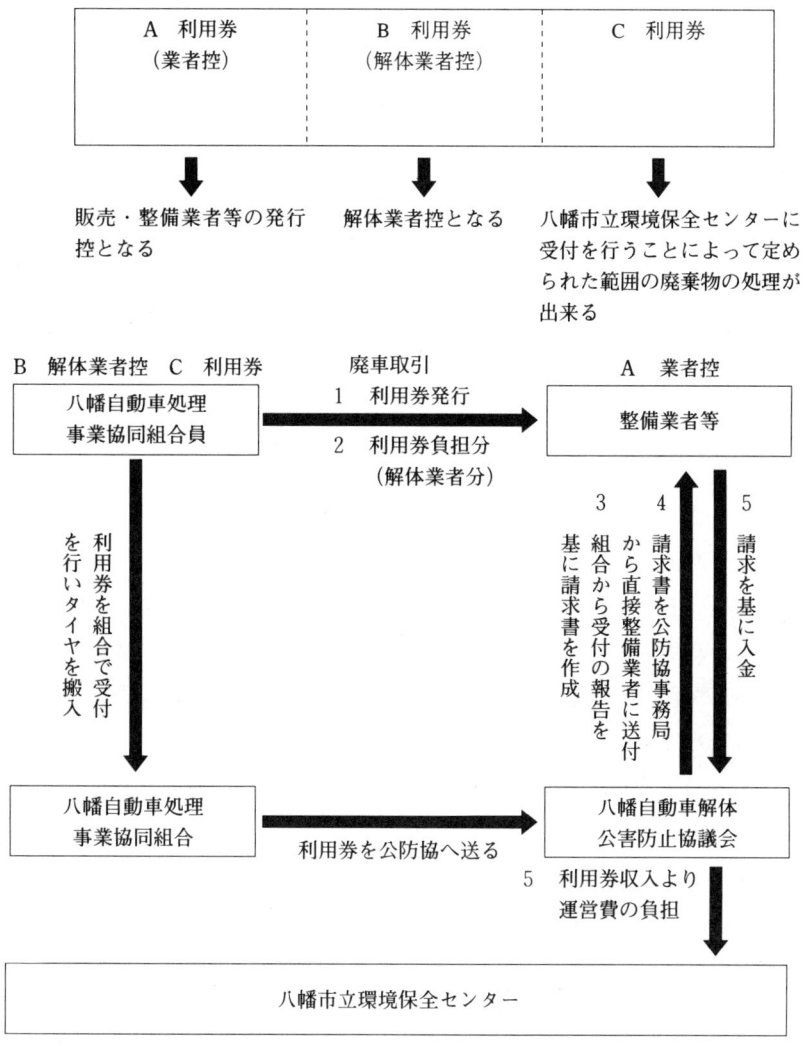

第2章　皮革産業から自動車解体業へ　　　　　　　　　49

A　利用券 （業者控）	B　利用券 （解体業者控）	C　利用券

↓　　　　　　　　↓　　　　　　　　↓

販売・整備業者等の発行　解体業者控となる　　八幡市立環境保全センターに
控となる　　　　　　　　　　　　　　　　受付を行うことによって定め
　　　　　　　　　　　　　　　　　　　　られた範囲の廃棄物の処理が
　　　　　　　　　　　　　　　　　　　　出来る

B　解体業者控　C　利用券　　廃車取引　　　　　　　　A　業者控
┌─────────────┐　　1　利用券発行　　┌─────────────┐
│八幡自動車処理　　│ ──────────→ │整備業者等　　　│
│事業協同組合員　　│　　2　利用券負担分　└─────────────┘
└─────────────┘　　　　（解体業者分）　　　↑↓
　　↓利用券を組合で受付を行いタイヤを搬入　　3　請求書を公防協事務局から直接整備業者に送付
　　　　　　　　　　　　　　　　　　　　　　4　組合から受付の報告を基に請求書を作成
　　　　　　　　　　　　　　　　　　　　　　5　請求を基に入金
┌─────────────┐　　　　　　　　　　┌─────────────┐
│八幡自動車処理　　│ ──────────→ │八幡自動車解体　│
│事業協同組合　　　│　利用券を公防協へ送る│公害防止協議会　│
└─────────────┘　　　　　　　　　　└─────────────┘
　　　　　　　　　　　　　　　　　　　　　　↓　5　利用券収入より
　　　　　　　　　　　　　　　　　　　　　　　　　運営費の負担
┌──────────────────────────────────┐
│　　　　　　　　八幡市立環境保全センター　　　　　　　　│
└──────────────────────────────────┘

1　利用券の発行：販売店が発行
2　利用券負担分：解体業者負担分を販売店に支払う
3　請求書の作成：組合からの受付報告に基づいて請求書を作成する
4　請 求 書 送 付：請求書を公防協事務局から販売整備業者に送付する
5　利 用 券 収 入：請求に基づき入金された収入で保全センター等の運営を行う

図2　利用券の概要

会企画小委員会において廃棄物の処理およびリサイクルについて検討し，「使用済み自動車リサイクル・イニシャティヴ」を策定し関係者に広く周知・徹底した．これによれば，自動車製造業者と関係業界に，次のような数値目標が提示されている．

① 2002 年以降は，新型車リサイクル可能率を 90% 以上に引き上げること．
② 2000 年末までに，バッテリーを除く新型車の鉛使用量を 1996 年の半分以下にし，2005 年末までに 1996 年の 5 分の 3 以下にする．
③ 2005 年以降に使用済み自動車リサイクル率を 85% 以上にし，2015 年以降は 95% 以上にする．
④ 2002 年以降は，シュレッダーダストの埋め立て処分量を 1996 年の 5 分の 3 以下にし，2015 年以降は 1996 年の 5 分の 1 以下にする．

これを受けて，主たるメーカー団体である日本自動車工業会では，リサイクルを推進する自主行動計画を立てて，実行に移そうと準備している．動脈産業の担い手である自動車メーカーが循環型の産業となるために，使用済み自動車のリサイクル事業に乗り出すようになれば，長年静脈産業を担ってきた八幡市六区地区のような部落産業としての自動車解体業は，大きな転機を迎えることになろう．

2000 年 3 月現在，八幡自動車処理事業協同組合には，計 42 事業所が加盟し公害防止に努めている．他に組合に加入していない事業所が，同じ地域に 16 箇所存在し，廃車処理を行なっている．1960 年代には，どの事業所も同じような解体業を営んでいたが，次第に専業化してきた．今日では，廃車解体のみを行なう事業所，エンジン解体のみを行なう事業所，二輪車解体のみを行なう事業所，非鉄回収のみを行なう事業所というふうに廃車リサイクル業の分業化が進んでいる．とはいえ，解体処理の作業に大型機械を導入しているのは，6 事業所のみである．たいていの企業が従業員 2，3 名の家族経営であり，10 名以上雇用している事業所はわずか 2 社だけである．うち 1 社のみが年間 2 万台以上を解体処理し，数千台の規模が 8 社である．数百台規模の事業所が圧倒的に多い．

転機に立つ八幡市六区地区の自動車解体業が抱える主要な問題は，およそ次のようなものである．まず第1に，廃棄物処理費の高騰である．八幡市環境保全センターによれば，シュレッダーダストの処理費が1990年のトン当たり5千円から，2000年には2万円近くにまで高騰している．廃油，廃タイヤ，冷媒フロンおよびLPガスボンベの処理費も，同様に高騰している．また機械化を進め，新しい処理施設を設置しようとすると，多額の資金が必要であり，零細業者には困難である．

第2は，労働力の不足である．近隣の職場より見劣りする労働環境に「ポンコツ街道」という差別的な呼称も加わり，地域住民の若年層労働力は，典型的な3K労働である部落の生業から遠ざかりがちである．住民の教育水準が向上すると，自動車解体産業の後継者や就業者を確保することが困難になる．近年では，その隙間を埋めるようにして，国道1号線近くの解体業集積地帯に，アジア，アフリカ，ラテン・アメリカ諸国からの出稼ぎ労働者が増加した．その多くは，中古自動車部品の輸出用検査を名目としている．

第3は，その延長線上にある外国人による事業参入である．筆者が出会った出稼ぎ労働者の国籍だけでも，韓国，中国，香港，フィリピン，タイ，マレーシア，バングラデシュ，ネパール，インド，スリランカ，パキスタン，イラン，シリア，レバノン，カメルーン，ナイジェリア，メキシコ，ジャマイカと多岐にわたる．外国人労働者の中には，これまで自ら廃車を引き取り，解体処理して自国に搬送する事業を営むものも増えてきた．その結果，外国人労働者の階層分化も進んでいる．これらの業者に雇用される外国人労働者は，隣接地域でアパートを借り，6畳の部屋に数名の同国人が共同生活し，昼間は人目につかぬように働いている．外出はなるべく早朝か，日没後にするよう心がけている．「交番や警察官を見かけると，避けて歩く習慣がつきました」と話してくれた超過在留の外国人労働者もいる．国際電話が可能な公衆電話の前には，夜になると行列ができる．地区内の公衆浴場では，外国人の方が日本人より多い時間帯もある．

被差別部落において皮革産業，廃品回収業，自動車解体業の順で受け継が

れてきた静脈産業は，生産と廃棄を循環的に結び，一体化を図るリサイクルの流れによって大きく変わろうとしている．旧来の狭い部落産業から外国人の企業家の参入も加わり，多様化しかつグローバル化しつつある．行政機関との密接な関係だけでなく，主要なメーカーやユーザー団体とも協議を進め，ネットワーク作りをすることがますます重要性を増している．本章では，自動車解体業の将来を展望するまで研究を深めることができなかったので，今後は地域外の利害関係者や諸団体との交流が，何よりも大切であることを指摘するに留めたい．

注
1) 田中充『日本経済と部落産業』解放出版社，1993年．
2) 東京都台東区橋場の皮革産業資料館の展示資料，2000年5月．
3) 日本タンナーズ協会実態調査特別委員会編『製革業実態調査報告書』1993年，90ページ．なお，竜野市における皮革産業に関する記述は，同書と松原地区における同産業の関係者の談話に依拠している．
4) 日本皮革技術協会『皮革工業』1993年第6号（皮革排水処理特集号），7ページ．
5) 山本尚友著『被差別部落史の研究』岩田書院，1999年，112ページ．崇仁地区の文化遺産を守る会編『柳原銀行とその時代』1991年，13ページ．なお，崇仁地区の歴史に関する記述は，主として同書と山本尚友と重光豊の両氏の談話に依拠している．
6) 重光豊著『柳原銀行史』柳原銀行資料館運営協議会，2000年，5ページ．
7) 『柳原町史』は，1985年に三一書房から刊行された『日本民衆史資料集』第9巻に納められている．
8) 八幡市誌編纂委員会編『八幡市誌』第2巻，1980年，267ページ．
9) 運輸省『運輸白書』1997年度版の巻末統計による．
10) 矢野経済研究所編『自動車中古部品総覧』1998年版．
11) 部落解放同盟京都府連合会六区支部編『自動車解体共和国』，三一書房，1985年，35ページ．なお，八幡市における自動車解体業に関する記述は，同書と六区地区における同産業の関係者の談話に依拠している．

第3章　地域の拠点としての郵便局ネットワーク

井　口　富　夫

1. 注目される郵政3事業のあり方

　郵便事業の創業は明治4年（1871年）である．郵便貯金事業は明治8年（1875年），簡易保険事業は大正5年（1916年）に，それぞれ創業されている．これらは，創業以来，一貫して国の直轄事業として実施されてきた．数年前に，中央省庁の再編問題に関連して，郵政事業のあり方が議論され，その結果，国営のままで新型公社に移行することが決定され，現在に至っている．こうした最近の事情もあって，郵政事業に関する世間の注目が高まり，郵政事業を扱った書物が多数出版されている[1]．

　本章の目的は，国営で運営されている郵政事業の現状を前提として，地域の拠点としての郵便局ないし郵便局ネットワークの現状を考察することを通じて，地域経済および地域住民の経済生活における郵便局ないし郵便局ネットワークの今後のあり方を検討することである．郵便局および郵便局ネットワークは，決して京都に特有のテーマではない．しかし，京都でも，全国どこにおいても，住民生活に密着したテーマであり，各地域において，そのあり方が問われている問題である．以下，第2節で郵政省の業務と郵便局ネットワークとの係わりを考え，第3節では郵便局の役割を紹介する．第4節において，京都市の郵便局ネットワークの現状と競合産業との関係を検討する．第5節では，地域の拠点としての郵便局の役割について整理し，第6節においてIT革命と呼ばれる情報通信技術の発達に伴う郵便局の新たな役割につ

いて検討する．補論では，郵政事業の民営化について，若干言及する．

2. 郵政省の業務と郵便局ネットワーク

2.1 民間企業の規制と直轄事業

図1は，平成11年8月31日現在の郵政省の機構図である．放送行政局と電気通信局は，放送産業と電気通信産業に従事する民間企業に対する公的規制主体として行動している．郵務局は郵便事業を，貯金局は郵便貯金事業を，簡易保険局は簡易保険事業を，それぞれ国の直轄事業として実施している．これら郵便・為替貯金・簡易保険の3つの直轄事業が，いわゆる郵政3事業である．

本章の検討対象である郵便局ないし郵便局ネットワークは，郵政省の機構では，地方支分部局に属している．図1では，郵便局は20,162局，さらに簡易郵便局は4,587局，両者を合計すると，24,749局に達する．郵便局およ

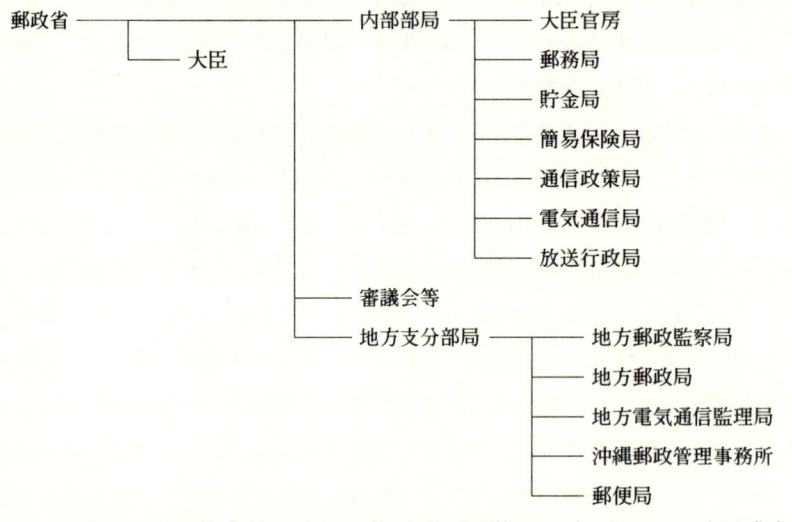

```
郵政省 ─┬─ 大臣
        ├─ 内部部局 ─┬─ 大臣官房
        │            ├─ 郵務局
        │            ├─ 貯金局
        │            ├─ 簡易保険局
        │            ├─ 通信政策局
        │            ├─ 電気通信局
        │            └─ 放送行政局
        ├─ 審議会等
        └─ 地方支分部局 ─┬─ 地方郵政監察局
                         ├─ 地方郵政局
                         ├─ 地方電気通信監理局
                         ├─ 沖縄郵政管理事務所
                         └─ 郵便局
```

出所：郵政行政研究会監修『平成12年版 日本の郵政』郵研社，2000年，28-30ページより作成．

図1 郵政省の機構図（概要のみ）

び簡易郵便局は，郵政3事業の現場事務を行っており，郵政事業のユニバーサル・サービスにとって必要不可欠な機関になっている．これら郵便局および簡易郵便局は，各地の地方郵政局（11局）によって指導・監督されている（沖縄では，沖縄郵政管理事務所が地方郵政局の機能を果たしている）．

さらに，郵政省の地方機関として，地方郵政局の事務の一部を分離して担当している貯金事務センターと簡易保険事務センターがある．郵便貯金の事務処理を行う貯金事務センターが30か所，簡易保険の事務処理を行う簡易保険事務センターが7か所，それぞれ全国に配置されている．

2.2 ユニバーサル・サービスの提供

「全国津々浦々」とか，「全国あまねく公平なサービスの提供」といった郵政省の標語が示すように，郵政3事業の最大の特色は，ユニバーサル・サービスの提供にある．ユニバーサル・サービスとは，郵政省の説明では，①全

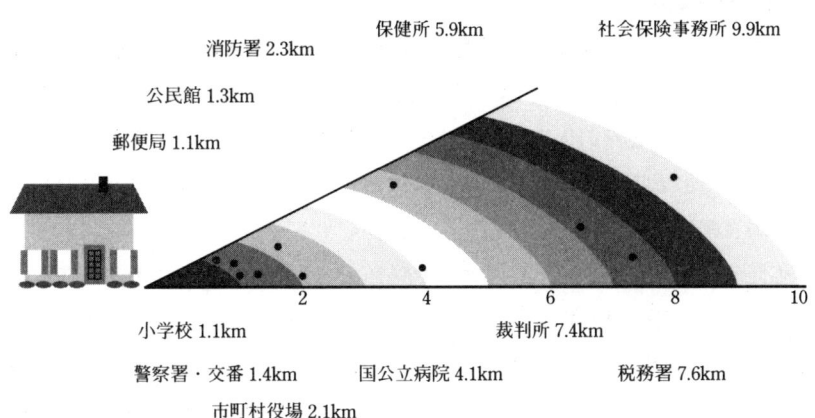

注：1）平成8年3月末現在．
2）各機関までの平均距離は，各機関の圏内（日本の国土面積÷当該機関の設置数）を円と仮定し，その半径の1/2とした．
出所：郵政省「You Net ゆうびんホームページ」(http://www.postal.mpt.go.jp/japan_i/txt/33.htm)．

図2　公的機関までの平均距離

国あまねく，②いつでも，③公平に，④簡便に，⑤生活基礎サービスの利用の機会を保証している，と言うことであるらしい．ユニバーサル・サービスを現実に可能なものとするために，郵便局が全国すべての市町村に配置されている．そのため，郵政省は，郵便局を，国民生活を支える「国民共有の生活インフラ」と，位置付けている．その意味は，次の2点から説明されている．第1に，郵便局は，小学校と並んで，最も身近な公的機関である，と言うことである．図2に示されているように，郵便局までの距離は，1.1kmである．第2の点は，生活基礎サービスのネットワークを提供していることである．郵便局は，1日当り，郵便を7000万通，小包を110万個，貯金・送金を1040万件，簡易保険を60万件扱い，情報・モノ・カネの各方面で基本的なサービスを行っている[2]．

3. 郵便局ネットワークとは

3.1 郵便局の区分

表1のように，郵便局は，平成10年度末には，簡易郵便局を含めて，全国に24,736局ある．毎年，少しずつではあるが，その数は増加傾向にある．これは，大都市とその周辺に，無集配の特定郵便局が新設された結果である．大都市とその周辺の人口急増地域には，無集配特定郵便局を，辺地には簡易郵便局を配置するのが，郵便局を全国に配置する際の大原則であるらしい．

郵便局ネットワークは，さまざまな種類の郵便局から構成されている．普通郵便局は，平成10年度末で，全国に1,315局設置されている．集配局とは，郵便・為替貯金・簡易保険等の窓口事務のほか，郵便ポストから郵便物を集めたり，各戸に郵便物を配達したり，さらに，積立貯金や簡易保険料の集金事務を行う郵便局である．無集配局とは，郵便・為替貯金・簡易保険等の窓口事務だけを行う郵便局を指している[3]．特定郵便局とは，特定郵便局長を長とする郵便局のことであり，平成10年度末には，18,832局設置されている．特定郵便局にも，集配局と無集配局がある．

第 3 章 地域の拠点としての郵便局ネットワーク 57

表1 郵便局数, 郵便ポスト数の推移

			平成 6 年	7 年	8 年	9 年	10 年
普通郵便局	(局)	集配局	1,267	1,260	1,262	1,265	1,257
		無集配局	60	59	59	59	58
		小計	1,327	1,319	1,321	1,324	1,315
特定郵便局	(局)	集配局	3,697	3,692	3,682	3,655	3,656
		無集配局	14,878	14,962	15,029	15,109	15,176
		小計	18,575	18,654	18,711	18,764	18,832
簡易郵便局 (局)			4,619	4,614	4,606	4,605	4,589
合　計 (局)			24,521	24,587	24,638	24,693	24,736
郵便ポスト (本)			165,547	166,144	167,977	171,168	173,199

注：時点は, 各年度末.
出所：郵政省編『平成11年版 通信白書』1999年, 119ページより作成.

この他に, 簡易郵便局が, 平成10年度末には, 4,589局設置されている. 簡易郵便局とは, 郵便局の窓口で取り扱う事務を, 地方公共団体, 農業協同組合, 漁業協同組合等の団体, および一定の要件を備えた個人や法人に委託し, これら受託者が開設する郵便局のことである. 簡易郵便局は, 主として都市部以外の地域に設けられている. 平成2年6月の簡易郵便局法の一部改正によって, 大都市において郵便局が著しく不足している地域に, 無集配特定郵便局を補完するために, 大都市型簡易郵便局（愛称,「シティ・ポスト」）が設置できるようになり, 東京都区, 横浜市, 名古屋市, 大阪市の4大都市に, 現在18局が設置されている.

表1には, 参考として, 郵便ポストの設置数も記載されている. 平成10年度末には, 17万本を超える多数の郵便ポストが設置されていることが分かる.

3.2 郵便局が行うサービス

郵便局は, 前節で述べたように, 郵政3事業のユニバーサル・サービスを可能にするために,「国民共有の生活インフラ」として, 郵便・為替貯金・簡易保険に係わる現場事務を担当している.

郵便3事業は,「国民生活における福祉の増進への寄与」の実現に向けて,次の6つの施策を行っている.

・公的な窓口サービス
・社会的弱者を対象とした福祉施策
・地域振興施策
・文化・情報流通の振興施策
・災害時のサービス提供の継続等
・社会資本整備のための原資の供給

このうち,郵便局が提供するサービスとしては,「公的な窓口サービス」として,郵便局は,年金・恩給の支払い,国庫金の受払い,住民票等の交付請求の取扱い,登記簿謄抄本の交付請求の取扱いを行っている.「地域振興施策」では,郵便局はインターネットを利用して,ふるさと情報の提供を行っている.「文化・情報流通の振興施策」では,郵便局は新刊ブックポスト・サービスで,窓口に新刊書籍のカタログを配備し,申し込まれた書籍をゆうパックで郵送する窓口になっている.「災害時のサービス提供の継続等」では,郵便局は避難場所として局舎と用地を開放するとともに,災害時に備えて用意している医薬品,救助工具,非常食・飲料水などを提供する.

4. 京都市における郵便局ネットワーク

4.1 郵便局ネットワークの現状

京都市内には,郵政3事業に関連した施設として,245局からなる郵便局ネットワークの他に,左京区に京都簡易保険事務センター,上京区に京都貯金事務センター,下京区の京都中央郵便局内に近畿郵政監察局京都郵政監察室がある[4].表2は,郵政3事業に係わりの深い産業について,京都市と全国の状況を比較した表である.人口では,京都市は全国の1%強であるが,郵便局数は1%に満たない.その結果,人口1人当たりの郵便局数は,全国の87%になっている.とりわけ,表2で顕著なのは,面積1km²当りの郵

第3章 地域の拠点としての郵便局ネットワーク

便局数が多いのと，集配郵便局数が極めて少ないことである．これは，人口が密集した都市部に共通の特徴である．郵便局の業務と競合する産業との比較では，対全国比率で，京都市の郵便局は，競合産業よりも数的には劣っていることが分かる．京都では，信用金庫・信用組合とコンビニエンスストアが，相対的に強力である．

京都市内の郵便局ネットワークは，表3のように，各区に分散して配置されている[5]．郵便局に関するデータ入手に際しては，郵政省の協力が得られなかった．（郵政省の説明では，京都市内だけに限定した郵便局の配置状況について，即座に外部に出せるまとまったデータを準備することが出来ないとのことであった.）そのため，注4にあるように，NTTの『タウンページ』と郵政省の『ポスタルガイド』から，データを収集した．得られたデータと，それを補完するために行った京都市内のいくつかの郵便局からの聞取り調査の結果，おおよそ次のような状況であることが分かった．下京区には，京都中央郵便局があり，下京区全域と南区全域，そして右京区の一部地域と西京区の一部地域の集配業務を受け持っている．南区には，集配業務を行う郵便局は設置されていない．

北区には，京都北郵便局と小野郷郵便局があり，この2局で北区全域の集配業務を行っている．左京区では，左京郵便局，鞍馬郵便局，山城大原郵便局の3局で，全域の集配業務が行われている．右京区には右京郵便局と京都西郵便局があり，この2局でもって右京区のほぼ全域の集配業務が行われている．西京区にある集配業務を行う郵便局は，洛西郵便局だけであるが，洛西郵便局は西京区の一部地域を担当しているだけであり，西京区の大部分の地域は右京区に立地する右京郵便局と京都西郵便局によって集配業務が行われている．伏見区には，伏見郵便局と伏見東郵便局の2局が集配業務を行っており，伏見区全域が，この2局の担当地域になっている．これら以外の区では，各区にそれぞれ集配局が1局あり，各管轄地域全体の集配業務を行っている．上京区には西陣郵便局，中京区には中京郵便局，東山区には東山郵便局，そして山科区には山科郵便局が，それぞれ設置されている．

表2 京都市

	面積	人口	人口密度	郵便局(郵便業)	店舗 郵便局/面積
	(km²)	(人)	(人/km²)		(1km² 当り)
	1998年	1999年3月31日		1996年	
京都市 A	610	1,388,786	2,276.698	238	0.390164
全国 B	377,855	125,860,006	333.091	24,644	0.065221
A/B(%)	0.161	1.103	683.507	0.966	598.220

出所：市町村自治研究会『住民基本台帳人口要覧』，総務庁統計局『事業所・企業統計調査局情報化推進室情報統計課『京都市の事業所・企業』，同『京都市の商業』，郵政省編

表3 京都市の区別状況

	面積 (km²)	人口 (人)	人口密度 (人/km²)	郵便局	郵便局/面積 (1km² 当り)
北区	94.92	125,413	1,321	22	0.2318
上京区	7.11	81,669	11,486	25	3.5162
左京区	246.88	170,804	692	32	0.1296
中京区	7.38	91,964	12,461	24	3.2520
東山区	7.46	44,776	6,002	14	1.8767
山科区	28.78	137,285	4,770	12	0.4170
下京区	6.82	69,610	10,207	26	3.8123
南区	15.78	97,470	6,177	14	0.8872
右京区	74.27	195,858	2,637	12	0.1616
西京区	59.2	155,332	2,624	17	0.2872
伏見区	61.62	287,714	4,669	45	0.7303
合計	610.22	1,457,895	2,389	245	0.4015

注：面積と人口は，2000年3月1日現在の数値．それ以外は，1999年3月25日現在の
出所：日本電信電話（株）『職業別タウンページ，京都市南部』，『職業別タウンページ，京
郵政省郵務局『平成11年版，新郵便番号簿（'99ポスタルガイド）』1999年11月．
京都情報館（Kyoto City Web）のインターネット・サイトにある京都市総合企画局
qa 002.html）より作成．

第3章 地域の拠点としての郵便局ネットワーク

と全国の比較

数		店舗数					
郵便局/人口	集配郵便局	銀行	信用金庫・信用組合（中小企業等金融業）	生命保険（生命保険業）	農協（農林水産業協同組合）		コンビニエンスストア
(1,000人当り)							
	1998年	1996年	1996年	1996年	1996年		1997年
0.000171	15	190	205	156	55		454
0.000196	4,913	18,058	12,430	15,444	20,998		36,631
87.522	0.305	1.052	1.649	1.010	0.262		1.239

報告書』，通商産業大臣官房調査統計部『商業統計表，業態別統計編（小売業）』，京都市総合企画『通信白書』より作成．

（面積，人口，店舗数）

郵便局/人口 (1,000人当り)	集配郵便局	銀行	信用金庫・信用組合	生命保険	農協	宅配	コンビニエンスストア
0.1754	2	11	27	9	6	5	53
0.3061	1	10	22	5	0	1	30
0.1873	3	12	23	6	15	7	67
0.2610	1	20	45	23	0	4	44
0.3127	1	5	12	0	0	3	24
0.0874	1	11	25	14	2	8	45
0.3735	1	38	59	44	2	3	43
0.1436	0	8	29	4	23	24	42
0.0613	2	14	38	9	9	9	52
0.1094	1	8	24	12	10	6	32
0.1564	2	17	47	14	14	15	83
0.1681	15	154	351	140	81	85	515

数値（但し，集配業務を行う郵便局の数値は，1999年の何れかの時点と思われるが，詳細は不明）．都市北部』1999年7月．（掲載情報は，1999年3月25日現在）

情報化推進室情報統計課のウェブページ（http://www.city.kyoto.jp/sogo/toukei/jinkou/

表3には，面積1km²当りの郵便局の数と人口1,000人当りの郵便局の数も掲載されている．郵便局を設置する際，地域の面積と人口が考慮されて，配置が決められるらしい．人口密度が高い上京区と中京区と下京区の3区において，面積1km²当りの郵便局数が極めて高い数字になっている．人口1,000人当りでみても，この3区の郵便局密度は高くなっている．逆に，面積1km²当りの郵便局数が低い数字であるのは，北区，左京区，右京区といった面積が大きい区である．人口1,000人当りの郵便局数が低いのは，山科区，右京区，西京区である．人口の急増が，原因かも知れないが，詳しい原因は不明である．面積1km²当りや，人口1,000人当りの各区ごとの郵便局数をみれば，ユニバーサル・サービスの提供とは言っても，「全国津々浦々」はともかく，現実には「全国あまねく公平なサービスの提供」といった郵政省のキャッチ・フレーズは必ずしも実現しておらず，地域間の格差がみられる．

4.2 郵便局の配置と競合産業

郵便局の主要な業務は，郵政3事業に係わる現場事務である．郵政3事業の各事業は，信書の独占を除けば，それぞれ関連した民間事業者と激しい競争を行っている．郵便事業では宅配業者と，貯金事業では銀行や信用金庫・信用組合と，簡易保険事業では生命保険会社と，競合関係にある．農協に代表される協同組合とは，貯金と簡易保険の2つの事業で競合している．

さらに，コンビニエンスストアとは小包に係わる郵便事業だけでなく，公共料金の支払でも競合している．表3は，郵便局と競合する各民間事業者が，京都市内の各区にどの程度散らばっているのかを比較するために作成された．この表には，郵便ポストや切手の販売店舗は含まれていない．また，たとえば京都駅構内に設置されているようなATMのみの設備も除外されている．生命保険には，保険代理店が除外されている．

郵便事業では，宅配業者のみでは，郵便局ネットワークに対抗できないが，一般に宅配便の受付窓口であるコンビニエンスストアを考慮すると，郵便局

ネットワークは劣勢になる．貯金事業では，銀行と郵便局との関係では，郵便局は数的に有利であるが，信用金庫・信用組合までも含めると，郵便局は少数派になる．簡易保険事業では，郵便局は生命保険会社に対して数で勝っているが，生命保険会社の販売の主力は営業社員による訪問販売であることを考慮すると，この数字は，余り意味を持たないのかも知れない．

　周知のように，最近は，ビッグバン（金融システム改革）によって，金融業の各業態間の垣根が低くなったとはいえ，依然として銀行と保険との相互参入は，ほとんど不可能な状態である．その意味で，銀行業と保険業を兼業している郵便局は，やはり銀行業と保険業を兼業している農協など協同組合と，最も似通った経営形態になっていると言って差し支えないであろう．しかも，郵便局は，物品の運送業である郵便事業をやりながら，金融業も行っている．農協は，購買事業，販売事業，農地供給事業等を行いながら，信用事業という名前で銀行業を，共済事業という名前で保険業を兼業している．つまり，郵便局も農協も，事業会社が金融業を兼業している形態になっている．表3にように，数の上では，郵便局が農協に勝っている．

4.3　京都の電子郵便局

　郵政省は，平成8年（1996年）5月から，郵政省のインターネットWebサイト（http://www.mpt.go.jp）に，電子郵便局（http://www.mpt.go.jp/DPO）をスタートさせた．京都市に立地する郵便局のうち，電子郵便局を開設しているのは，京都中央郵便局と京都島原郵便局の2局である．2局とも，京都市下京区に位置する．提供している情報は，①郵便局の紹介，②利用案内，③ふるさと情報，④市民便利帳，⑤お知らせ，⑥自治体リンク，の6項目からなる．③の「ふるさと情報」の項目では，京都中央郵便局は，京ことば，京都の年中行事，京都市の観光イベント情報などを，京都島原郵便局は，「島原」，「輪違屋」，「角屋」の情報を提供している．④の「市民便利帳」では，両局とも，地域の公共機関の名称，所在地，電話番号の一覧を提供している．現状では，電子郵便局は，単に情報提供だけであり，郵政事業に係わ

る具体的なサービスの提供は行っていない．

5. 地域の拠点として郵便局

5.1 2010 郵便局ビジョン

郵政審議会は，平成9年（1997年）6月10日に，次の7項目の改革提言からなる「郵便局ビジョン2010」と題する最終答申を取りまとめた[6]．
・郵便局経営効率化の推進
・ワンストップ行政サービスの実現
・郵便局のオープンネットワーク化の実現
・生活設計型の自助支援サービスの実現
・日本版ビッグバンへの対応
・地域社会の交流への支援
・地域の生活・交流基盤の整備——郵便局資金の運用

この答申では，郵便局を全国どこでも利用できる国民共有の「生活インフ

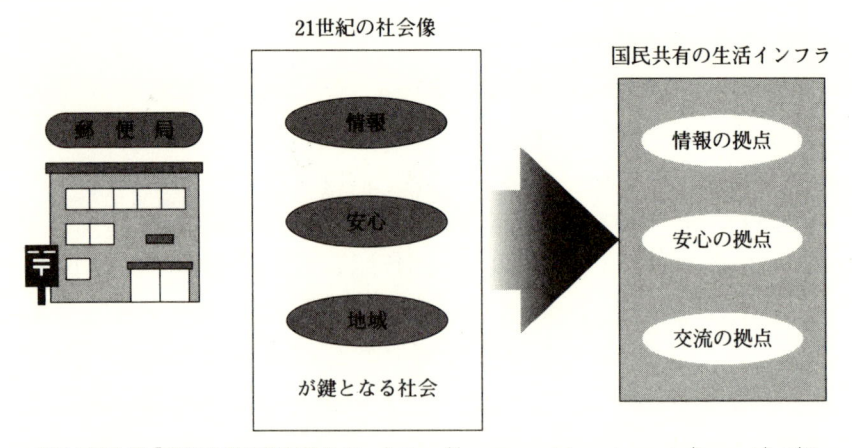

出所：郵政省「郵便事業の業務報告01」(http://www.postal.mpt.go.jp/japan_i/txt/01.htm)．

図3　21世紀に向けた郵便局ビジョン

ラ」と位置付け，郵便局資源を「行政」と「民間」に開放し，「地域社会」に活用することによって，国民全体の利益増進に貢献することを目指している．その結果，「情報」，「安心」，「地域」がキーワードになる21世紀の社会において，図3のように，郵便局は「情報・安心・交流の拠点」になることを提示している．

5.2 郵便局の新たなサービス

21世紀に向けた郵便局ビジョンによる追風もあって，郵便局は，最近さまざまな新たなサービスを開始している．ハード面では，貯金と保険の窓口を一本化し，待ち時間を短縮しようとする試みが，近畿では竜野（兵庫県），交野（大阪府），水口（滋賀県）の3郵便局で，すでに平成7年（1995年）から始まっている．平成8年（1996年）には，愛媛県松山市で，「道後ドライブスルー郵便局」が，オープンしている．

上述したように，新刊ブックポスト・サービスが，平成8年12月から，開始された．ワンストップ行政サービスの一環として，埼玉県大宮市と大阪府羽曳野市で，住民票交付サービスを郵便局で始めることが，自治省と郵政省との協議で決定した，という記事が，本年（平成12年）1月7日の『日本経済新聞』に掲載された．郵政省は，本年1月31日に，郵便貯金と民間金融機関との口座間送金を，3月13日から開始すると発表した．第1弾として，シティバンクと大垣共立銀行の両行との口座間送金サービスが実現する．さらに，郵便局の窓口での，国債販売の大幅拡大や，自動2輪車の自賠責保険の販売，投資信託の販売等々，枚挙に暇がないと言った状態である．

また，岡山市と岡山市内の郵便局は，土砂災害など，各種災害防止のための協力実施協定を結び，前兆や被災状況などを連絡するように定めた．山口県と県内の各郵便局が，廃棄物の不法投棄や土砂崩れなどの情報提供協定を結び，郵便局員からの情報提供によって，環境破壊や土砂災害の拡大を未然に防ぐことになった．

6. IT革命と郵便局ネットワーク

6.1 インターネットの発達と郵便局の窓口業務

　IT革命と呼ばれる情報通信技術の進展は，インターネットの発達に典型的に現れている．図3で示したように，郵政省は，21世紀の郵便局を，国民共有の生活インフラと位置付け，「情報・安心・交流の拠点」としようとしている．そして，郵便局でのワンストップ行政サービスを推進している．しかし，他方で，本年から，郵便貯金のインターネットバンキング・サービスを開始し，将来的に大幅に拡大していく方針らしい．そうなれば，各家庭のコンピュータから，定額貯金などの郵貯商品を直接申し込めるようになる．その結果，郵便局の窓口サービスの重要性は低下することになる．ただし，平成11年（1999年）1月から開始している郵貯ATMを民間金融機関のネットワークと接続するサービスの拡大・充実によって，郵便局窓口の役割は低下しないかも知れない．

　郵政省は，本年2月から，インターネットを利用した新しい郵便サービス「ハイブリッドめーる」を開始した．図4のように，家庭やオフィスのコンピュータで作成された文章を，インターネットで郵便局へ送信すれば，そこから各地の中継郵便局へ伝送された文章は，中継郵便局で印刷され，その後は通常の配達ルートで指定された相手先へ届けられるシステムである．このサービスを利用すると，インターネットを利用していない受取人へも，インターネットから文章を送ることが可能になる．しかも，配達は，集配業務を行っている郵便局が担当するため，郵便局ネットワークの有用性も発揮されることになる．

　本年3月15日付の『産経新聞』1面トップに，人口知能（AI）技術を応用して，在宅介護のサービス内容を決めるケアプラン（介護サービス計画）を自動的に作成するシステムが開発され，その端末装置が全国の郵便局に設置する計画があることが明らかになった，という記事が掲載された．インタ

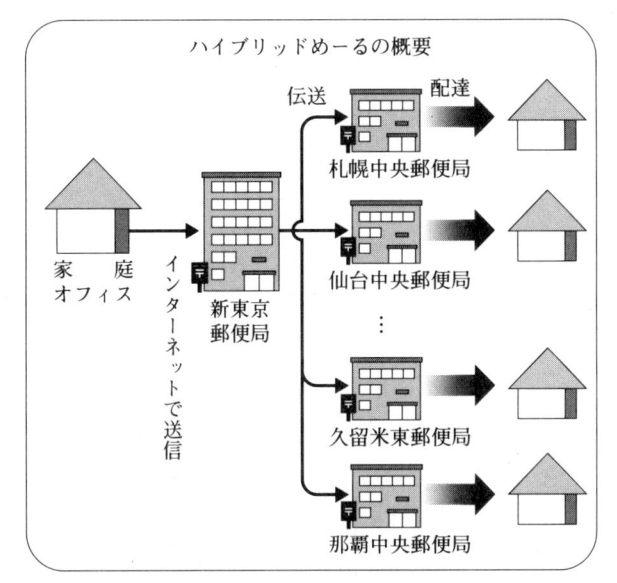

第 3 章　地域の拠点としての郵便局ネットワーク　　　　　　　　67

```
┌─────────────────────────────────────────┐
│            ハイブリッドめーるの概要              │
│                                         │
│    家庭     新東京      札幌中央郵便局   配達   │
│    オフィス  郵便局     仙台中央郵便局         │
│           インターネットで送信              │
│                     久留米東郵便局            │
│                     那覇中央郵便局            │
└─────────────────────────────────────────┘
```

出所:『日経流通新聞』1999 年 11 月 25 日, 第 7 面.

図 4　ハイブリッドめーるの概要

ーネット時代に, 郵便局を有効に利用しようとする 1 つの試みになるかも知れない.

6.2　コンビニエンスストアと郵便局

　コンビニエンスストアが, 様々な意味で世間の関心を集めている. 長期にわたって低迷する日本経済の中にあって, 業績を順調に伸ばし, わが国で最大のコンビニエンスストア・チェーンであるセブン-イレブン・ジャパンが, 平成 13 年 2 月期の売上高予想で, スーパーマーケットの最大手であるダイエーを抜く見通しとなったことを伝える記事が,『産経新聞』(平成 12 年 4 月 22 日, 1 面) に載った. コンビニエンスストアが注目されるのは, 単に規模の大きさだけではない. コンビニエンスストアが提供するサービスの多様性も, 注目されている.

IT革命との関連だけを挙げると，次のようである．平成10年11月に，ローソンが三和銀行の預金引出しサービスを開始して以来，コンビニエンスストアと金融機関との提携が急速に進んでいる．平成11年3月には，ampmとさくら銀行が，東京都内にATMコーナー（アットバンク）を8店出店した．平成12年3月までに，500店に拡大する予定だったらしい．サークルKも，東海銀行などのATMをすでに設置している．イトーヨーカ堂は，昨年（平成11年）11月下旬に，金融監督庁に対して，銀行の設立趣意書を提出し，本年の夏ごろの開業を目指している．設立趣意書では，セブン-イレブン・ジャパンの店舗にATMを設置して業務を行うらしい．ファミリーマート，サークルK，サンクス，ミニストップなどが，平成11年夏に，日本IBM，都市銀行などとATM運営会社「Eネットジャパン」（仮称）を共同で設立し，すでに昨年秋から，実用実験を開始している[7]．

表3に示したように，店舗数でみれば，郵便局にとって最大の脅威は，コンビニエンスストアである．図5は，四条烏丸交差点を中心にして，半径約1kmの範囲に，郵便局とその競合事業者が，どのように分散して立地しているかを地図上にプロットした図である．明らかなように，銀行・信用金庫・信用組合と生命保険会社は，大通りに面して集中的に立地している．とりわけ，堀川通から河原町通までの四条通と，御池通から五条通までの烏丸通に，銀行・信用金庫・信用組合の本支店と生命保険会社の支店・支社等の大部分が立地している．それに対して，郵便局とコンビニエンスストアは，大通りだけでなく，小さな通りにも数多く立地している．郵便局は，各地の郵政局の計画・指導によって店舗の配置が考えられていると思われる．その結果，どの地点からでも，ほぼ等間隔に配置され，ユニバーサル・サービス実現のために貢献しているようである．それに対し，コンビニエンスストアは，個々の企業では，配置に関して企業の政策が作用するが，コンビニエンスストア全体では，人為的な力が働いているとは思えない．しかし，配置の特徴は，郵便局ほどではないが，かなりの程度まで，等間隔に散らばっている．やはり，自然に市場メカニズムに沿った結果であると思われる．立地面

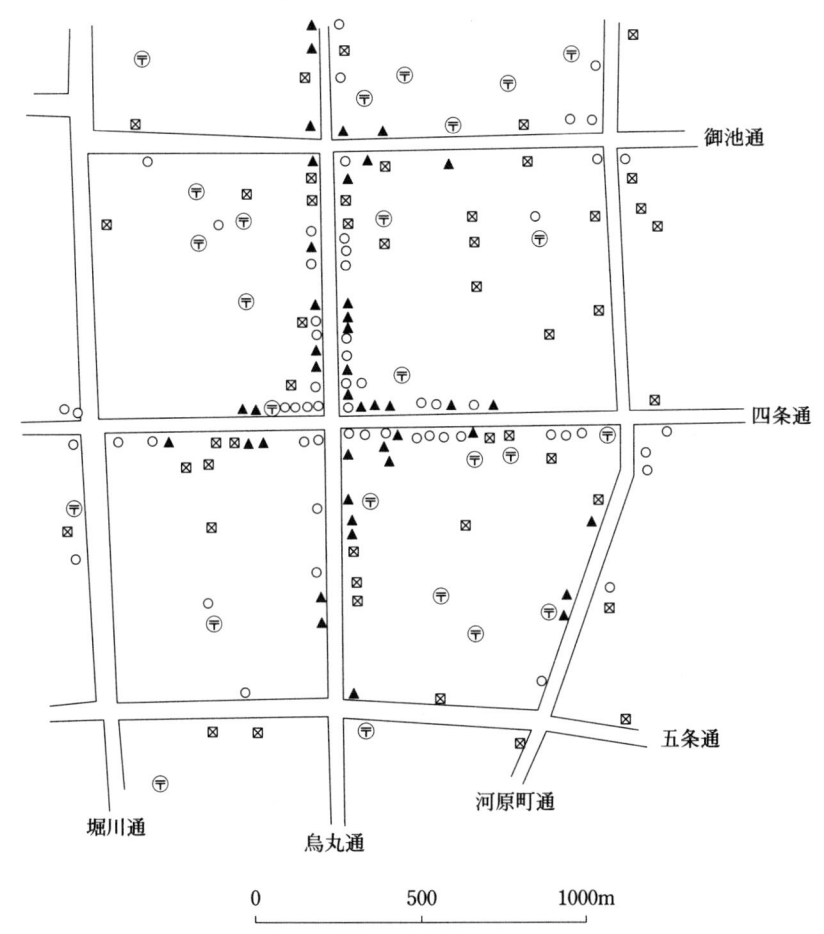

第3章 地域の拠点としての郵便局ネットワーク　　　　　　69

記号：〒郵便局，○銀行，信用金庫，信用組合，▲生命保険会社，☒コンビニエンスストア

出所：表3と同じ．

図5　郵便局と競合事業者の立地状況

から言っても，郵便局の最大のライバルは，コンビニエンスストアであることが分かる．

　コンビニエンスストアが，金融業務に進出してくれば，郵便局にとっては，

業務内容で競合することになる．しかも，コンビニエンスストアが金融機関と業務提携し，郵便局ネットワークに対抗するような行動が活発になれば，コンビニエンスストアは郵便局にとって，ますます無視できない存在になることは明白である．

上述したサークルKは，東海銀行など銀行だけでなく，信用金庫，労金とともに，郵便局とも提携している．本年3月10日の『日本経済新聞』(第7面)に，郵政省がデイリーヤマザキと提携し，デイリーヤマザキの都内店舗内に，郵便貯金のATMを設置することを始めた，という記事が掲載された．このように，コンビニエンスストアと郵便局は，一方で，互いに競争しつつ，他方では，提携を行い，全体としては非常に複雑な関係になっている．

また，昨年3月29日から，全国の222の信用金庫が，しんきん情報システムセンターを通じた業態間接続および，全信連との一括資金決済により，郵便貯金のATM，CDとの相互利用を開始している[8]．郵便局と信用金庫との業務提携は，郵便局とコンビニエンスストアとの力関係にも，微妙な影響を与えるかも知れない．

7. 郵便局ネットワークの今後

わが国の郵便サービスは，確実に，かつ迅速に配達されるとして，世界的にも評価が高い．郵便事業に限らず，郵便貯金事業，簡易保険事業においても，その現場事務を担当する郵便局ネットワークの役割は，現在の制度を前提とする限り，極めて重要である．しかも，郵便局の業務のみを視野に入れて検討する場合には，様々な新たなサービスを実施することは，人々の利益に適うものであるかも知れない[9]．

しかし，本当に重要なのは，郵便局と同種のサービスを提供している民間企業との関係を考慮に入れながら，国民経済全体として，郵便局がどのような役割を分担するのが望ましいのか，といった問題を考えることである．

郵便局が，地域社会の「核」である，と確信を持って言えるのも，現在の制度を前提とした場合に限られる．但し，郵便局及び，郵政3事業に係わる，官民の役割分担を再検討した場合にも，郵便局の役割は極めて重要なものであるという結論に到達するかも知れない．今後，早急に検討する必要がある．

補論：郵政3事業の民営化問題

平成9年（1997年）12月に，行政改革会議（会長：当時の橋本竜太郎首相）は，2003年4月に，郵政3事業は一体のままで国営の「新型公社」へ移行する報告書をまとめた．（その後，公社化は2005年にずれ込む可能性が出てきた，という新聞報道もある．『日本経済新聞』1998年2月10日(火)夕刊，第1面参照．）これは，中央省庁の再編論議の中から，出てきた結論であった．

民営化を含めて，郵政3事業の制度問題に関して多くの文献がある．最近の文献だけをみても，郵政3事業については，石黒［1997］や小泉・松沢［1999］がある．郵便事業については，松原・保坂［1995］，Duff［1997］が，郵便貯金事業については，立原［1996］が，簡易保険事業については，堀内［1997］，茶野［1997，第7章］，井口［1999］がある[10]．全国銀行協会連合会［1997］では，これまでの民営化事例の概要，民営化議論の整理，および海外の郵便貯金の経営形態等が，まとめられている．郵政3事業の経営形態に関して，理論面からや実証面からの標準的な分析もあるが，中には政治的な野心からか，政治の道具として扱ったものまで種々様々である．

民間経済主体の自由な活動を基本とする経済システムにおいては，政府は民間を補完する役割を担うべきである，とする考え方で大多数の意見が一致している．そのような経済システムでは，政府が行うべき活動は，民間では実現不可能な活動と，もし民間に任せておけば，社会的便益が私的便益を上回るため，社会的に必要な水準まで，十分には供給が成されない活動に限定されるのが，基本になる．

民間経済主体と公的な経済主体とが併存し，互いに競争している産業にお

いては，官民の役割分担が，常に議論になってきた．信書の独占を除いて，郵政3事業でも，民間経済主体と公的経済主体が併存し，激しい競争を演じている．本来は，このような産業における政府の役割は，上述したように，民間では実現不可能か，あるいは社会的に必要なだけ十分な供給が行われない活動に限定されるのが望ましい．郵政3事業の民営化を議論する際にも，このような観点からの検討が必要である．ここでは，スペースの都合上，議論する場合にポイントとなる次の6点だけを指摘する．

　第1点：郵政3事業に限らず，産業の制度問題を論じる場合には，産業組織問題として考えるのが基本である．国営の郵政3事業であっても，中央省庁の再編問題として扱うべきでない．

　第2点：民間が出来ない活動とは何か，言いかえれば，政府でしか出来ない活動には何があるかという問題である．この点についての最大の論点は，結論が，産業の競争状態によって違ってくるということである．産業の制度問題や国営企業の民営化を論じる場合には，「宗教」や「信念」のように，取り巻く条件に関係なく，「絶対に国営維持」だとか，「何が何でも民営化」だとかいった議論は，根本的に間違っている．

　第3点：現実には郵政3事業のそれぞれについて，かなりの程度まで行動が公的に規制された民間事業者が，バラエティに富んだ活動を行っている．規制当局の意向が働いた結果かどうかは定かではないが，過疎が進んだ山間僻地にも，民間事業者のサービスは浸透している．公的規制によって，十分な競争が実現していない状態で，都市部において発生した黒字でもって，山間僻地の赤字を補う余力がある期間は，都市部から山間僻地への，いわゆる内部補助が行われることによって，民間事業者による全国的なサービス展開が可能になっている．この現実をみれば，国営の郵政3事業の必要性は極めて小さいと言わざるを得ない．もし，そうだとすれば，ここから出てくる結論は，郵政3事業の民営化ではなく，完全廃止である．国営事業が非効率になったり，民間の活動を妨げるケースが生じると，国鉄や電電公社が民営化された経験から，国営事業の民営化が論じられる．しかし，それは，民間だ

けではユニバーサル・サービスの実現が不可能か，あるいは十分には実現しない産業に限定された議論である．民間によるユニバーサル・サービスがほぼ実現している現状を前提にすれば，郵政3事業は，民営化ではなく，廃止が望ましい．

　第4点：郵政3事業の各事業の競争状態が，いかなる状態になっても，民間事業者が現在と同じように行動するかどうかが，郵政3事業に関連した今後の問題，しかも遠い将来ではなく，分析が迫られている差し迫った問題である．各事業において，競争環境が現在でも急速に変化しつつある．一方で，日本版ビッグバン（金融システム改革）がさらに進展し，他方で，宅配便を含めた運輸・交通産業における規制緩和も一層促進されることは，容易に予想される．そのような時代になれば，民間事業者は，採算がとれない地域や業務を継続して実施するとは考え難い．都市部でも競争が活発になり，十分な黒字確保が困難になる．そうすると，もともと赤字の山間僻地に内部補助を行う余力がなくなり，サービスは僅かな利益があがる地域に限定されることになる．つまり，規制緩和が，ある程度まで進んだ時点においては，郵政3事業に係わる「ユニバーサル・サービス」を継続するためには，郵政3事業の国営を維持することが最善の選択肢である，という結論に達する．もちろん，郵政3事業を民営化した後に，政府が，民間事業者に一定の資金的補助を行うことによって，民間事業者の活動を公的に補完し，「ユニバーサル・サービス」を実現する方法も考えられるが，それには限界がある．

　第5点：郵政3事業の「新型公社」化は，すでに決まっている．JRの歴史をさかのぼってみると，戦前は明治期から，その経営は国有鉄道事業特別会計によっており，国の直轄事業であった．戦後になって，昭和24年（1949年）に公社化され，全額政府出資の日本国有鉄道になり，さらに数十年後に（分割）民営化され，現在のJR各社になっている．つまり，JRの長い歴史をみると，非常に残念なことであるが，公社化は「民営化の第一ステップ」のように思える．民営化された後のJRをみれば，赤字ローカル線の廃止が印象的である．もちろん，赤字ローカル線の廃止の後に，新規参入

が生じる可能性は残っている．具体的には，バスによる代替輸送が行われるケースが多いようである．つまり，固定費を減少させる努力と工夫がなされることによって，新たなサービス展開が可能になる．鉄道のように，巨額の固定費を必要とする産業では，努力や工夫の余地は大きいかも知れない．しかし，郵政3事業では，固定費は大きいとは思われない．

第6点：郵政3事業が提供するサービスが，人々にとって必要不可欠なサービスなのかどうかの問題である．「ゆうパック」など，一部を除いて，郵便料金は，明治の創業以来，日本国内のどこへ送っても，料金は全国一律であり，文字通り「ユニバーサル・サービス」が実現されている．その根拠は，国民生活にとって，郵便は「必需品」であるという考え方にある．郵政省は，年々提供するサービスの種類を増加させている．郵便も，郵便貯金も，簡易保険も，国民生活にとって，本当に必要不可欠なものなのか，しかもIT革命と呼ばれる情報通信技術が極度に発達すると思われる今後においても，その「必需品」的な性質に変化が生じないのかどうか．郵政3事業の経営形態に関する議論の最大のポイントは，この点にある．つまり，民間事業者が行わないサービスを，国が税金でもって提供するだけの価値があるサービスなのかどうか，といった問題であるが，現時点では，ほとんど議論が行われていない．

注
1) 郵政事業に関する最近の動きについては，金子［1993］，郵政省郵政研究所［1996］，松原［1996，1997］，アール・エフ・ラジオ日本［1997］，浅井・大伴［1997］，井上［1997］，佐久間［1997］，松下他［1997］，宍戸［1998］，郵政サービス研究会［1998］，小泉・松沢［1999］，別冊宝島編集部［1999］，池田［1999］が詳しい．
2) 郵便局のユニバーサル・サービスについては，丸山［1999］を参照．
3) 無集配局には，表1には，記載されていないが，集中局，輸送郵便局，船内郵便局も含まれている．集中局とは，大都市における郵便物の区分事務を行うため，周辺の郵便局で引き受けた郵便物を集中して，区分機等で処理をする郵便局である．輸送郵便局とは，郵便物の区分および運送便への積替え事務を行う郵便局である．船内郵便局は，旅客や，その他乗員の便益増大のため，外国

航路に就航する船舶内に設置された郵便局のことである．平成10年度末の数値が入手できないため，平成8年度末の数値をみると，集中局が2局，輸送郵便局が1局，船内郵便局が3局ある．（平成8年度末の数値は，郵政省の郵便事業に関するインターネット・Webサイト http：//www.postal.mpt.go.jp/japanj/txt/43.htm を参照）

4) この他に，中京区に特定局会館がある．郵便局に関するデータおよび，以下で扱われる銀行，信用金庫・信用組合，生命保険，農協，宅配便，コンビニエンスストアのデータは，すべてNTT（日本電信電話㈱）『職業別タウンページ，京都市北部，京都市南部』（1999年7月発行）から収集した．掲載情報は，1999年3月25日現在のものである．各業界から，データを直接入手することができなかったこともあるが，各データ間の整合性を保つためにも，同一のソースからデータを集めた．

5) 郵便局の地理的配置に関して，横浜市を例とした研究に，大山・田村・佐野［1999］がある．

6) 郵政審議会『郵便局ビジョン2010──国民共有の生活インフラ─情報・安心・交流の拠点へ──答申』（1997年6月）を参照．この答申の要約が，『郵政研究所月報』第10巻第7号（1997年6月）に掲載されている．答申の全文は，郵政審議会［1997］で公刊されている．

7) コンビニエンスストアのATM設置状況については，刀禰［1999］を参照．

8) 郵貯ATMと信用金庫との相互利用については，全信協業務部［1999］を参照．

9) 現在の制度を前提としながら，郵政3事業について検討した研究としては，林他［1998］，跡田他［1998］，井口他［1998］を参照．

10) 民営化を一般的に論じた文献としては，有名な Vickers & Yarrow ［1988］をはじめとして，Guislain ［1997］，Hossain & Malbon ［1998］，総合研究開発機構［1990］，松原［1991］が参考になる．

11) 公的部門と民間企業が互いに競争する市場では，民間企業のみの競争市場に比べて，より望ましい結果が得られるという理論分析が，井手・林［1992］，吉野・藤田［1996］，藤田［1998］によって行われている．

参考文献

アール・エフ・ラジオ日本編［1997］，『21世紀の郵便局サービスを考える──郵便局ビジョン2010』透土社；丸善．

浅井隆・大伴高史［1997］，『爆発する郵貯と簡保』第二海援隊．

跡田直澄他［1998］，『郵便貯金と地域社会に関する研究』郵政省近畿郵政局貯金部．

別冊宝島編集部編［1999］，『郵便局があぶない』宝島社．

茶野務［1997］，「国際競争時代の日本の生命保険業──日本版ビッグバンと保険

システム』東洋経済新報社.
Duff, L. [1997], *The Economics of Governments and Markets, New Directions in European Public Policy*, Longman.
藤田康範 [1998],「郵便貯金の行動原理と民間銀行利潤・経済厚生」『郵政研究所月報』第11巻第6号.
Guislain, P. [1997], *The Privatization Challenge : A Strategic, Legal, and Institutional Analysis of International Experience*, The World Bank.
林敏彦他 [1998],『地域社会における郵便サービスの在り方』郵政三事業における調査研究会.
堀内昭義編 [1997],『高齢社会の生命保険事業』東洋経済新報社.
堀内昭義・吉野直行編 [1992],『現代日本の金融分析』東京大学出版会.
Hossain, M. and J. Malbon eds. [1998], *Who Benefits from Privatization?*, Routledge.
井手一郎・林敏彦 [1992],「金融仲介における公的部門の役割」堀内・吉野編 [1992].
井口富夫・高尾厚・広岡博之・北坂真一・家森信善 [1998],『少子・高齢社会に向けての簡易保険の役割（調査研究報告書）』郵政省近畿郵政局.
井口富夫 [1999],「簡易保険事業の発展と制度問題」『文研論集』第128号.
池田実 [1999],『郵便屋さんが泣いている，郵便局腐蝕の構図』現代書館.
井上隆司 [1997],『郵便局がなくなる日──郵政解体で日本経済は沈没する』文香社.
石黒一憲 [1997],「郵政三事業・情報通信行政の一体性確保に向けて──「国民の声」を無視した「行革」の問題性」『郵政研究所月報』第10巻第11号.
金子秀明 [1993],『郵貯・郵便局の未来』東洋経済新報社．小泉純一郎・松沢しげふみ編 [1999],『郵政民営化論』PHP研究所.
丸山昭治 [1999],「金融システム改革と郵便局のユニバーサルサービス」『郵政研究所月報』第12巻第3号.
松原聡 [1991],『民営化と規制緩和：転換期の公共政策』日本評論社.
松原聡編 [1996],『現代の郵政事業』日本評論社.
松原聡監修 [1997],『郵貯・簡保・郵便を見直すための80項』サンマーク出版.
松原聡・保坂尚郎 [1995],「郵便市場と郵政事業の経営形態」『公益事業研究』第47巻第2号.
松下光志（編集長）他 [1997],『郵便局のゆくえ』（『別冊宝島M』1997年10月18日）宝島社.
大山達雄・田村浩之・佐野貴子 [1999],「郵便局の置局配置に関する調査研究」『郵政研究所月報』第12巻第11号.
佐久間裕二 [1997],『郵便局の危ない未来』エール出版社.
宍戸啓一 [1998],『郵便局は5年後が危ない』エール出版社.

総合研究開発機構［1990］,『公社・公団の民営化の研究』(『NIRA 研究叢書』第 900067 号).
立原繁［1996］,「同一産業内における競争関係―郵便貯金事業 vs 民間金融機関―」『東海大学政治経済学部紀要』第 28 号.
刀禰和之［1999］,「コンビニへの ATM 設置動向と今後の展望」『全信連レポート』第 313 号.
Vickers, J. and G. Yarrow [1988], *Privatization and An Economic Analysis*, M. I.T. Press.
郵政サービス研究会［1998］,『図解郵便局がまるごと分かる本：郵便サービス・郵便貯金・簡易保険』東洋経済新報社.
郵政審議会編［1997］,『21 世紀を展望した郵便局改革ビジョン』日刊工業新聞社.
郵政省郵政研究所編［1996］,『郵貯簡保の最新事情』東洋経済新報社.
吉野直行・藤田泰範［1996］,「公的金融と民間金融が併存する金融市場における競争と経済厚生」『経済研究』第 47 巻第 4 号.
全国銀行協会連合会［1997］『郵便貯金民営化の論整理』全国銀行協会連合会.
全信協業務部［1999］,「郵貯 ATM との相互利用を開始」『信用金庫』第 53 巻第 5 号.

第4章 創造と革新に挑戦する地域商業

山 田 順 一 郎

1. ダイナミックに構造的に変化する小売業

　現在，全国の小売業の総店舗数は，1,419,696店〔1997年（平成9年「商業統計調査」以下97年同調査とする〕であり，前回1994年（平成6年「同調査」）に150万店を割ったが，その後も商店数の減少に歯止めがかからず前回調査に比較し，さらに5.4％の減少となった．従業者数は7,350,712人であり，94年（同調査）に比較して，0.5％の微減となっている．

　年間販売額は，147兆7,431億1,600万円である．年間販売額は，同調査が平成9年6月時点であり，消費税アップ前の駆け込み需要やコンビニエンス・ストア，ホームセンターなど，1店舗当たりの販売力が比較的大きな小売店の増加が著しかったにもかかわらず，不況による影響もあって94年同調査に比較し，3.1％の低い伸びに止まつた．

　小売店数がピークであった17年前の1982年（昭和57年）と比較すると，小売店数は301,780店の減少（△17.5％）を示している．反対に年間販売額は53兆7,829億円（57.2％）増加し，また，従業者数では982,559人（15.4％）の増加となっている[1]．

　1982年以来小売店数が大きく減少するなかで，販売額及び従業者数が大幅に増加したのは，小・零細店の減退に代わり，中・大型店が増加・伸長していることを物語っている．

　小売店の減少は，小売業は衰退しているのではなく，零細性，過多性，低

生産性の小規模店の淘汰のなかで，常に，効率性を追求し，新機軸を創出した革新的な中・大型店が，大店法（大規模小売店舗法）の規制緩和を契機に出店を加速させ，販売力を伸長させ，発展しているのである．

現在，全小売店の49.9％と約半数を占める従業者1～2人の零細店の減退が著しく，この3年間で7.3％も減少している．販売額についても，全体が増加するなかで，減少傾向を示している．経営的にみた場合，一般的に高齢化した店主とその妻が生業的に店を運営し，後継者がなく，旧式な店舗で規模狭小，品揃え不充分，非効率的な店舗運営は，消費者離れが進み，衰退傾向の状況にある．

対照的に従業者50～99人規模の中型店の店舗数は，この3年間で10.1％も増加し，従業者規模100人以上の大型店は，3年間で中型店を上回る13.5％も増えている．商店数が減少しているが，総売り場面積は5.3％増加し，その面積1億2,808万4,000m²となった．1商店当たりの売り場面積90m²となり，11.1％増加し，小売店舗は大型化の傾向を示している．

前述したように，従業者1～2人規模の零細店は，全小売店の約半数を占めているが，年間販売額のシェアは8.5％と極めて低い．全体の74.6％を占める従業者4人以下に広げても，年間販売額のシェアは21.7％にすぎない．逆に50人以上の規模の商店は全小売業の0.8％であるが，年間販売額では24.3％を占めている．うち100人以上の大規模店は，全体のわずか0.2％にすぎないが，販売額シェアは16.8％も占めている．

従業者1人当たりの販売額で比較すると，1～2人規模の零細店は，年間1,089万円であるのに対し，100人以上の大規模店は3,724万円であり，零細店とは3.4倍の格差となっている．販売効率の上でも大規模店と零細店との格差は大きく，従業者規模の大きな商店ほど販売効率が高い（表1参照）．

京都市の小売店数は20,257店（97年「同調査」），前回の3年前に比較して，7.1％の減少となっている．年間販売額は2兆3,071億2,559万円，前回の94年に比較し，1.2％の微増となっている．京都市の場合，小売店の減少率は全国に比較して高く，販売額が大店法の規制緩和のなか，最近特に，大型

表1 小売業の1商店及び従業者1人当たり年間販売額

(単位万円)

従業者別	1商店当たり年間販売額		従業者1人当たり年間販売額	
	全国	京都市	全国	京都市
1〜2	1,761	1,726	1,089	1,059
3〜4	5,587	4,978	1,649	1,471
5〜9	13,443	12,771	2,127	2,017
10〜19	27,873	25,396	2,087	1,882
20〜29	47,304	43,997	2,019	1,895
30〜49	77,097	74,135	2,073	2,001
50〜99	139,928	151,360	2,094	2,257
100〜	763,692	1,494,750	3,724	5,635
平均	10,406	11,389	2,010	2,160

資料：通産省「商業統計表」，京都市は「京都市の商業」より．

店の出店が相次いだにもかかわらず伸び悩んでいるのは，長引く不況に加え，西陣，室町に代表される地場産業の低迷が影響しているものと思われる．

1商店当たりの年間販売額を従業者規模別にみると，従業者規模50〜99人の中型店は全国平均13億9,928万円に対し，京都市の同規模店は15億1,360万円と全国平均より高く，規模100人以上の大規模店は，全国平均76億3,692万円に対し，京都市の同規模の大規模店は149億4,750万円を示しており，京都に立地する大型店は全国の同規模店のほぼ2倍の販売額となっている．

97年調査時点当時の京都市は，大型店の売場面積が全体の小売業に占めるシェアが低く，このことが大規模店の販売額が全国平均より高い要因となっていると思われる．対照的に，小・零細店は全国平均よりも低い販売額となっており，地場産業の不況などの影響を小・零細店がもろに受けているといえる．

また，従業者1人当たり年間販売額をみても，従業者100人以上の大規模店は全国平均3,724万円であるが，京都市の大規模店は5,635万円と全国平均より高い販売効率を示している．反対に従業者1〜2人規模の零細店は，全国平均1,089万円に対し，京都市のそれは1,059万円と全国平均より低い

数値を示している．京都市の小・零細店の販売額とその効率は，同規模の全国平均よりも低く，対照的に，大規模店は全国平均を上回る高い販売力と販売効率のよい経営をしているといえる．

2. 京都商業のダイナミズム

1997年は，京都の商業にとって大きな転機となった年であった．

同年7月京都駅ビルが完成，9月に「ジェイアール西日本伊勢丹」（以下京都伊勢丹）（店舗面積37,000m²，うち京都伊勢丹32,000m²）が開業した．京都駅ビル内には，「京都伊勢丹」のほか，ホテル（「ホテルグランヴィア京都」客室数約540），劇場・娯楽施設（「シアター1200」）や飲食，物品販売などが設置され，巨大複合施設となっている．京都駅は新幹線，東海道線，湖西線，山陰線，奈良線のJR各線のほか，近鉄，京都市地下鉄が乗り入れ，1日の乗降客は約50万人といわれ，交通の結節点である．同年6月には，京都市地下鉄烏丸線が国立京都国際会館まで延長し，10月には同地下鉄東西線（醍醐—二条駅間）が開業した．

こうした，京都駅の大規模な複合駅ビルの完成と交通体系の整備が，京都への集客力の拡充，商圏の拡大につながった．

京都は四条河原町を中心に高島屋，大丸，阪急百貨店，藤井大丸の百貨店を核に，中心地を形成していた．迎え撃つ形となった中心地の高島屋など既存百貨店は，「京都伊勢丹」の出店に備え，その数年前より，増床・リニュアル，商品構成・品揃えの見直し，組織強化など販売防衛対策を積極的に進めてきた．特に高島屋，大丸は3万m²台の店舗面積から，4万5千m²級の巨大店舗に増床し，中心地の核としてフルラインショピング機能を一段と強めた．また，阪急百貨店，藤井大丸は，店舗面積，前者約9千m²，後者1万5千m²と，百貨店としては，中型であることから，特徴のある店舗づくり，特化専門店の方向をとった．すなわち，前者は地下食料品売り場を全廃し，全館ヤングファッションビルとして，若者をターゲットに訴求するス

トア戦略の転換を進めた．後者はファッションの専門化のなかで，他の百貨店にないブランドを集め，来店客の増加と客層の固定化を図った．「京都伊勢丹」に近接する近鉄百貨店は，店舗面積約2万8千m²から「京都伊勢丹」を若干上回る約3万9千m²に店舗面積を拡張し，庶民性の近鉄のストアイメージを一段と強め，客層の違いを訴求する戦略で，「京都伊勢丹」に対抗することとした．

以上にみられるように，「京都伊勢丹」の出店に対抗し，消費不況のなか，既存百貨店はそれぞれの戦略のなかで，かなりの資金を投じた．したがって，既存百貨店が新たな商圏拡大による集客力によって，販売力を伸ばさなければ経営が厳しくなることが予想された．

普通人口100万都市で中心地形成は，1極程度が可能といわれている．2極の中心地形成の場合，その存立基盤として200万人の集中化が必要とされる．現在，京都市は人口140万人であり，四条河原町を中心とした街区の1極の中心地を形成してきた．「京都伊勢丹」の出店によって，商圏が拡大し，集客力の増大によって，中心地が四条河原町と京都駅ターミナルの2極化が形成されたのである．「京都伊勢丹」の出店による京都の商勢力の拡大地域は，半径40～50キロ圏前後に拡大したといわれ，その地域人口は優に200万人を超えている．

「京都伊勢丹」の出店と相前後して，地下鉄沿線の山科駅に大丸，醍醐駅に平和堂が出店した．JR奈良線，京阪宇治線と京都市地下鉄東西線（予定）との結節点の六地蔵に近鉄百貨店，イトーヨーカ堂の出店，既存店のイズミヤの増床があり，ダイエーが京都市周辺桂南地域に，南区西大路九条にジャスコ，ダイエー系の十字屋が経営するオーパが四条河原町にそれぞれ出店した．また，中堅スーパーのライフが市街地並びにその周辺に，ドミナントに店舗展開を進めている．さらに，コジマ，コーナンなど大型専門店，ホームセンターの出店が相次いでいる．

京都は大規模小売店舗のシェアが，他の大都市に比較して低いということもあって，数少ない有望市場と映り，大店法の規制緩和を契機に「京都伊勢

丹」の出店，それに対抗する既存百貨店の増床，新機軸の店舗展開による販売防衛，さらに大型スーパーの相次ぐ出店が展開され，熾烈な陣取り戦が続けられている．

そのなかで京都駅ビルの，商業，娯楽，宿泊を備え，楽しみを備えた「1つの街」の魅力が，百キロ圏におよぶ広域的な集客に成功し，97年9月開業後，1年間に当初予想の3,000万人を上回る3,600万人の乗降客，買物客の集客があった．これは京都市の年間観光客に匹敵する．うち「京都伊勢丹」の来店客は2,500万人を数えた．「京都伊勢丹」のその後は，珍しさ効果は落ち着いてきているものの，依然好調を維持している．

「京都伊勢丹」の売上高の3分の1程度は商圏拡大による購買であり，残り3分の2程度は既存の京都経済圏のパイからの購買であるといわれている．したがって，直接競合することとなった中心地の既存百貨店は，地下鉄東西線の整備に対応して商圏を広げ，新たな顧客開拓で補完する必要に迫られたのである．また，駅ビルから駅前への買物客の回遊を期待した近鉄百貨店は，回遊性が低く，駅ビルの総合的魅力に対応した訴求力は打ち出せないまま業績が落ち，2000年3月百貨店の直営を縮小し，大型専門店を大幅に導入し百貨店から複合商業施設に業態転換を図り再開業となった．

「京都伊勢丹」の出店は京都商圏の広域化につながったが，相次ぐ大型店の出店は個々地域商圏の重なり合うパイの食い合いとなり，そのなかで特に優越した立地条件に恵まれた「京都伊勢丹」が一段の好調さを維持している．それだけに他の大型店間の競争，地域間競争は一層苛烈化している．そのはざまにある伝統的商店街は，消費不況のなか商店街を支えてきた繊維，酒造の地場産業の低迷により，商店街をとりまく環境は日々その厳しさを増している．

3. 商業政策の転換

大型店の新増設を調整してきた大店法が2000年5月の廃止に伴い，これ

に代わり，都道府県や政令都市が環境などに配慮しながら大型店の出店を調整する大店立地法（大規模小売店舗立地法），空洞化の進む市街地の再生を目指した中心市街地活性化法及び大型店の出店可能地域の線引きなど，自治体の裁量に委ねる形で地方分権の推進を目指す改正都市計画法の，以上3法の新しい枠組みによって街づくりが進められることとなった．

大店法は消費者の保護，中小小売店の事業機会の確保など3項目を目的としたが，消費者の保護と中小小売店の事業機会の確保という相矛盾する両者について，その位置づけなどすべて運用にまかされていた．どちらかといえば，その影響が大きい中小小売店の事業機会の確保に重点がおかれた調整がされてきたといえる．大店立地法は店舗面積 1,000m² 超の大型店の出店による騒音，ごみ，交通渋滞など環境問題について，地元住民などから意見を聞きながら出店者側と協議，調整する仕組みとなっている．

大店法と大店立地法の比較，相違点と大店立地法の調整の流れは表2，図1のとおりである．

大店法は実態的に中小小売店の事業機会の確保が第一義の目的であったが，大店立地法は地域住民の生活環境の保持を目的とするものである．また，大店法は店舗面積などを調整する経済的規制法であるのに対し，大店立地法は交通，ごみ問題など地域の生活環境の面から調整する社会的規制法である．

表2 大店法と大店立地法の相違点

	大店法	大店立地法
主な目的	中小小売業の保護	地域の生活環境の保持
運用主体	国と都道府県	都道府県と政令都市
対象となる店舗面積	500m² 超（運用緩和により 1,000m² 超）	1,000m² 超
主な調整対象	地元商店街	地域住民
審査内容	店舗面積，開店日，閉店時間，休業日数	騒音，廃棄物処理，交通渋滞，交通安全，駐車・駐輪等
審査期間	1年以内	1年以内

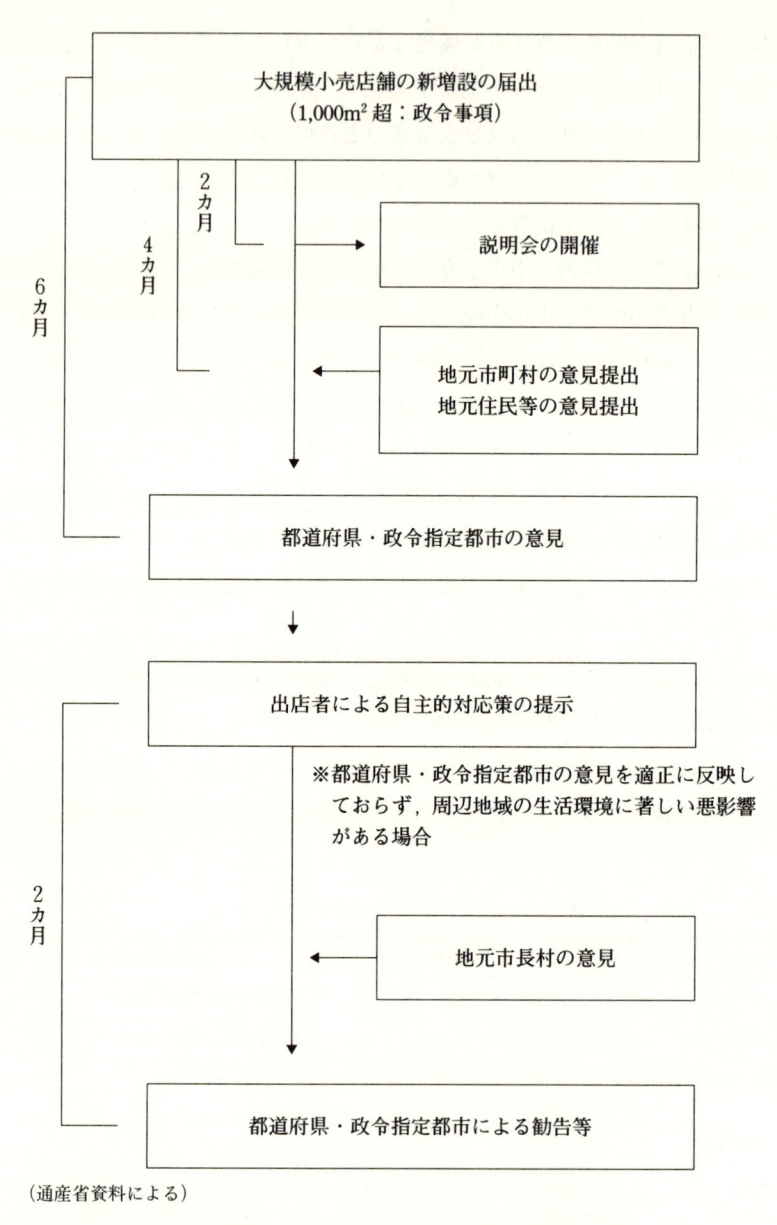

```
                  ┌──────────────────────────────┐
              ┌───│  大規模小売店舗の新増設の届出  │
              │   │   (1,000m² 超：政令事項)     │
              │   └──────────────────────────────┘
              │        │   │   │
              │     4  2   │   └────→ ┌──────────────┐
              │     カ  カ  │         │  説明会の開催  │
        6     │     月  月  │         └──────────────┘
        カ    │         │   │
        月    │         │   │     ┌──────────────────┐
              │         │   └──── │ 地元市町村の意見提出 │
              │         │         │ 地元住民等の意見提出 │
              │         │         └──────────────────┘
              │         ↓
              │   ┌──────────────────────────────┐
              └──│    都道府県・政令指定都市の意見   │
                  └──────────────────────────────┘
                              ↓
                  ┌──────────────────────────────┐
              ┌──│    出店者による自主的対応策の提示  │
              │   └──────────────────────────────┘
              │     ※都道府県・政令指定都市の意見を適正に反映し
              │       ておらず，周辺地域の生活環境に著しい悪影響
              │       がある場合
        2     │
        カ    │                     ┌──────────────┐
        月    │             ←──── │  地元市長村の意見 │
              │                     └──────────────┘
              │         ↓
              │   ┌──────────────────────────────┐
              └──│   都道府県・政令指定都市による勧告等  │
                  └──────────────────────────────┘
```

（通産省資料による）

図1　大店立地法の基本的な手続きの流れ

大店立地法は2000年6月から施行されており，同法の実際の運用は「指針」のガイドラインに基づいて進められている．ガイドラインは大型店の売場面積や交通量に応じた駐車場・駐輪場の標準的な面積を示し，大型店の排出するごみの量の予測と保管容量の確保を提示，騒音については等価騒音レベルの予測の提出や遮音壁の設置などを義務づけている．

　改正都市計画法は，大型店の適正な立地実現を図るため，特別用途地区の多様化を進めるなどとしている．例えば，市町村の判断で大型店の出店の可能地区を設定したり，反対に大型店が立地できない商店街の「中小小売店舗地区」や良好な住環境を守るため「特別住居地区」などの地区指定ができることとなっている．

　一方，中心市街地活性化法は中心市街地の空き店舗などの空洞化に対応し，その活性化を図るものである．地元主導のタウンマネージメント機関[2]によって，多様な規模，業種・業態の店舗を配置し，中核的商業施設を整備するなど，魅力あるテナントミックスを実現するなどの事業を行うのである．従来の個店や商店街等の点や線の対策に加え，より広い中心市街地全体を対象とした面の対策を図っているのが特徴である．

　3法の共通する考えは，自治体に大幅に権限を委譲したことにより，出店調整や街づくりなどは，自治体の権限で行われることとなる点である．大店法では第1種大規模小売店舗は国，第2種大規模小売店舗は都道府県の調整権限であったが，大店立地法は都道府県と政令指定都市が調整することとなった．

　都市計画法では，市町村が大型店の出店を規制したり，誘導できる「特別用途地域」の設定が可能となっている．したがって，市町村は地域全体，街の将来をにらんだグランドデザイン構想を樹立することが前提になる．市町村の将来像がはっきりしていなければ，単なる場当たり的な線引きとなってしまうことになる．

　中心市街地活性化法は市町村のマスタープランにしたがって進められることになるが，その中心機関であるタウンマネージメント機関の円滑な運営・

管理能力が問われることとなる．タウンマネージメント機関が，周辺環境と調和した住民ニーズに合った個性的な街であり，住民の利便性や満足が得られるシステムを含む魅力のある街づくりが実現できるか，大きな責任を負うこととなる．

自治体がどんな地域像を描くのか，自治体の力量，能力が問われることとなった．

大型店を調整してきた大店法が，日米構造協議で日本の流通の閉鎖性を指摘され，国は国際化，自由化の流れに沿う形で大店法の廃止に踏み切ったのである．大店法による垣根が払われることによって，今後，メガバトルの時代を迎え，外資の超大型小売企業の日本への上陸が予想されるなか，国内の小売業の企業間競争は，経営の効率化などをめぐって一層しのぎをけずることとなろう．

4. 街づくりの創造

不況の長期化に伴う消費購買力の停滞と消費需要の個性化・多様化，地場産業の低迷，大型店の相次ぐ出店による顧客の流出など商店街をとりまく経営環境はかつてない厳しい状況となっている．そうした状況にあって，地域にある固有の文化，歴史的遺産，地場産業などを観光資源として活用し，新しい顧客の創造を図る商店街．また，高齢者に対応した街づくりを模索したり，情報機器を活用し，商圏内の顧客と密着したサービスを進める商店街など，タウンマネージメントによる街づくりを視野に，生き残りをかけ街の活性化に取り組む先進的商店街を紹介したい．

4.1 地域の観光資源を活用した顧客の創造

京都市の南部にある伏見区は「京・伏見」と称され，昭和のはじめ伏見市として市制を施いていた地域であった．当地域の伏見大手筋周辺には歴史的にも性格の異なる4商店街を中心に複数の大型店を含め商業集積を形成して

いる．周辺には，伏見稲荷大社，伏見桃山城，寺田屋など知名度の高い観光資源や豊臣秀吉，坂本竜馬といった歴史的人物ゆかりの名所も数多く存在している．地域一帯は地場産業の"伏見の酒"の生産地であり，付近には月桂冠大倉記念館など酒造を生かした見学，飲食の集客施設があり，新たな観光地として注目されている．

　中心となる大手筋商店街は買回品中心商店街であり，隣接する納屋町商店街は京都の錦市場に匹敵する伏見の台所といわれる商店街である．その南に隣接する竜馬通商店街は庶民的な最寄品中心商店街であり，風呂屋町商店街は石材店，仏具屋，表具屋，はんこやなどの特殊品専門商店街となっている．

　歴史があり，性格の異なる4商店街が，1つの面として地域の観光資源を活用，または創出し，賑わいのある街，話題性のある街として，広域的に集客を拡大する実験的事業を進めた．これは平成10年度商店街等活性化事業として，国・京都府・商工会議所の支援を受け実施された．商店街の活性化を図るとともに，伏見区全体のまちづくりを推進するという，タウンマネージメントの理念と住民の視点にたって取り組まれたのである．したがって，まず，地域住民に対して，地元での観光客を積極的に受け入れる意識の啓発から進められた．

　豊臣秀吉が伏見桃山城を築き，水運と酒造のまちとして，幕末まで栄えた伏見の賑わいを取り戻し，商店街の来街者の増加につなげる狙いがあった．江戸時代，酒や米の運搬に使われた十石船の再現運航や伏見グッズの創出・販売，柳並木をライトアップし，黄昏コンサートを開き，商店街内でシャンソンの夕べ，伝承の花傘パレード，寄席，利き酒など多彩な催しを展開した．伝統的行事の祭りは一層華やかに，新企画の事業は商店街の特性に合ったイベントであり，企画の妙もあって話題となり，各事業とも盛況であった．アンケート調査結果も総じて好評であり，一定の成果が得られたとみられる．

　地域にある大学のゼミ学生など若い人のアンケートの調査結果から，ヤングは従来型商店街に，整備された明るいアーケードがあり，統一感のある美しい景観と清潔な連軒した店舗に魅力を感じている．地域の文化，歴史，伝

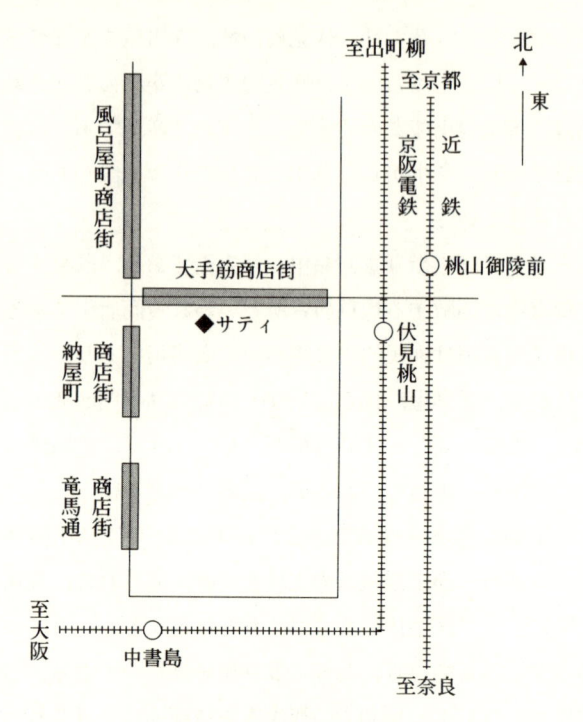

図2　伏見大手筋中心地域の位置

統を生かしたイベントに興味をもっており，自分も参加したい気持ちが強い．

面白い提案として，「寺田屋を中心に幕末の風情を残し，そこに行けば誰でも坂本竜馬，おりゅうさんの格好になれる，その格好で商店街を歩け，その気分になれる．それは面白いし，楽しい．面白く楽しい商店街として，話題になるのではないか．」ここへ来なければその格好になれない，オンリーワンの世界である．商店街の非日常性の日常化を提案し，実行委員会で検討されている[3]．

4.2　地域に根ざし高齢化に対応した街づくり

京都市の上京区西陣千本地域の5商店街は，これまで地場産業の和装産業「西陣織」に働く人々が商店街を支えてきたが，1970年代から始まった衰退

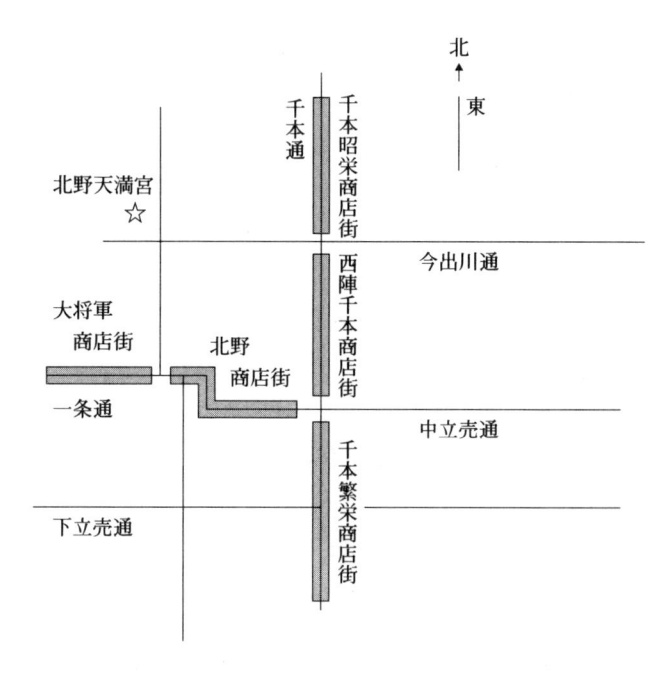

第4章　創造と革新に挑戦する地域商業

図3　西陣千本地域の位置

傾向により，商店街も空き店舗が目立ち，若者は中心地へ流出している．西陣地域を含む上京区は65歳以上が22.3%と京都市平均より5.5%も高く，商店街の経営者の高齢化も進んでいる．そこで，高齢者に視点をおいた商店街の活性化事業に国・京都府・商工会議所の支援を得て取り組んだ．

空き店舗2店を休憩所と西陣織の端切れを使った自作の工芸品の販売店として活用したり，工芸教室の店，お年寄りのために商店のトイレを貸し，商店街にベンチを置き，将棋大会を開いた．特に当地域の西陣千本はわが国の映画発祥の千本座があったところでもあり，西陣文化の祭典と名づけられた企画は，無声映画など西陣ゆかりの映画を中心に催された．

当商店街は商圏内人口に高齢者の割合が高いこともあって，来街者は高齢者が多い．高齢者にやさしい温かい街づくりで重要なことは，1つはモビリティ[4]を如何に確保するかということであり，2つめはバリアフリー[5]の整備

をどこまで進められるかである．両者の対応については，その緒についたところであり，これから取り組まなければならない事業は多い．

この事業は商店街と社会福祉協議会など地域団体と提携して進めている．これを機に結ばれた絆をより強く協力し合って，今後も事業を継続・拡充されることを願っている．

4.3 地域とともにある情報化の対応

情報化の進展により，コンピューターが商店街を育てる時代となってきた．顧客の固定化を図るため，コンピューターを利用して顧客の購入状況をデータベースとして貯え，消費の多様化・個性化に対応している商店街が増えてきている．

商店街活性化の手段として"カードシステム"が注目されている．それは

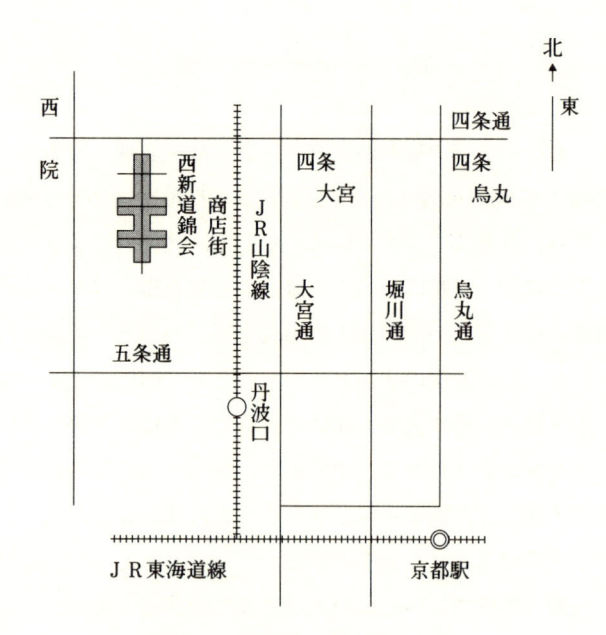

図4　西新道錦会商店街の位置

従来のスタンプシール事業の進展であるとして取り組みやすいことと，情報技術の進化により中小商店でも導入がしやすくなったこと，さらに商圏内の消費者の買い物情報の収集，活用が図られ，販売戦略に役立てられるなどの効果が期待されるからである．しかし，期待は高いものの，現実には，実施に当たって生ずる困難や問題点も多く，必ずしも十分な成果が得られていないケースが少なくない．

京都市中京区にある西新道錦会商店街は，カード事業など情報化が最も進んだ商店街の一つといわれ全国的に注目されている．

当商店街では1992年「エプロンカード」を始めたが，同カードシステムで提供できるサービスは，買い物の都度ポイントを付加するポイントサービス，入金の際に1万円で4%のプレミアムの付くプリペードサービス，各店舗が帳面に記帳して請求書を作成していた作業を，カードが処理する掛け売りサービスなど7機能が1枚のカードで処理できるシステムである[6]．

消費者の会員数は，1992年当初は2,550人であったが，1995年には4,453人と増加し[7]，その後も着実に増えているようである．また，顧客の自宅ファクスに直接お買い得情報などを流し，注文もファクスで受け付ける現代版「御用聞きシステム」を導入している．さらに，現在はファクスを使った「ご用聞き」と宅配の実績を生かして，大手電機メーカーと共同で，システム開発に取り組み，インターネットで買い物ができる実験を始めている．

5．創造と革新に向かって

小・零細小売業は減少著しく，大都市の中心地を除く，ほとんどの商店街は停滞乃至衰退している．商店街は消費者の信頼を得ているのであろうか．大方の消費者は商店街の存続を望んでいる．これからの消費市場で一つのコア顧客である高齢者は大きな市場を形成する．

2010年には65歳以上の人口が2,800万人と推定されている．うち75%の2,100万人は健常者，いわゆる元気な高齢者である．その年間購買力はざっ

と21兆円と予測されている．

　近隣型の商店街では，主要な顧客は高齢者であるが，その顧客は好んで商店街を利用しているのではないということである．1999年に中小企業総合事業団が調査した結果によると，高齢者は週3〜4回近くの商店街で買い物をしており，その購買頻度は高い．しかし，商店街に非常に満足をしているとする回答は，高齢者予備軍の50〜60歳では5%，65歳以上の高齢者でも10%程度の低い評価となっている．高齢者が相手だからといって，従来型の商店，商店街でいいのではない．

　高齢者が満足して来街する工夫がなければならない．魅力あるイベント，満足できる店舗に変質することができるかである．ただ，近いから，便利だから，だけでは存立基盤を失っている．高齢者にやさしい温かい商店街づくりで，重要なことの1つはモビリティを如何に確保するかということである．2つめはバリアフリーの整備である．最寄り駅または商店街の拠点と商圏内を自在に走るコミュニティバスの運行や街内の空き店舗を利用した休憩所，ベンチ，トイレ，貸し傘の設置，歩道の段差をなくし歩行しやすくするなどである．これらの整備については，すべての人にとって利便性の高まる視点で，住民の参加を得て，地域の実情に応じ多様な選択肢を用意し，柔軟に取り組むことが必要である．

　若い世代は自分のスタイル，自分の考えをもっている．高齢者も様々なライフスタイルをもち，自分の生き方，自分の生活を楽しむようになってきている．商店街や個々商店はどんなサービスが求められているかを敏感に知り，即応していくことが望まれる．例えばファックスによる消費者とのコミュケーションを通じて，小さな暮らしの変化を読み，それを宅配などの販売に生かすなど情報化への対応も必要であろう．

　商店街の街力を高め集客力を増加するため，複数の商店街が面として一つの商業集積として，地域の文化や伝統，歴史的遺産の祭り，イベント，地場産業などのストックを生かした新たな切り口（例えば観光）を推進する魅力ある企画力が求められる．地域の歴史，文化，伝統を生かした祭り，特徴の

あるイベントを展開し，賑わいのある街として話題性の高まりが観光客の来街を決定づける．これが街内個々商店の地域特性のある感性な客層に合った品揃え，遊びとゆとりのある店舗と相まって相乗効果となり，来店客の増加，商圏の拡大につながっていくこととなろう．

ハード面の街づくりの方向としては，商店街を一つのショッピング・モールと考え，多様な業種・業態の店舗を適切に配置し，魅力のあるテナントミックスを実現するタウンマネージメント型の街づくりがある．中心となるショッピングセンターにおける核はエンターテイメントであり，それは例えばシネマコンプレックス，劇場など地域の特性に応じ構築すべきであろう．成否を決めるのは，集積全体の経営力と構成する個々店舗の業態戦略を含む経営者能力とその販売力であろう．

以上は前節で記述した商店街の事例と関連して，これからの商店街のあり方について述べたものである．

成長している小売業はどのような小売業なのか．商業統計調査結果から成長している小売業をみると，法人化され，チェーン化により組織的運営を推進し，駐車場を有する一定規模以上のセルフ方式の業態店が伸びている．すなわち，それはコンビニエンスストア，ホームセンター，大型専門店などの利便性，専門性の高い業態店である．逆に零細・生業的で非効率な単品業種・単独店の小売業は，確実に減少している．商店街，個人商店の衰退の大きな要因は，個人商店が経済の流れに乗り遅れ，取り残されたからである．そのため，消費者のニーズへの対応が遅れ，消費者との間に乖離が生じているのである．

ドラッカーは「小売業は変化適応業である」と述べている．正にその通りである．商店街，個々商店は経済の変化，ニーズの変化，地域の変化に即応していかなければない．したがって，個々の小売業は商圏内の人々の生活の変化に対応し，その時代，時々に応じ事業の仕組み，商品構成などを変えていく必要がある．

従来の商品づくりは生産者発想であった．これからは生活者発想でなければならない．最終消費者との接点にある小売店が，暮らしの変化を見つけ，それに適応した店づくりを進め，ニーズの受け皿となって，メーカーに対し新商品創出の提案をする役割を担っている．生活者の小さな暮らしの変化を発見し，これに伴い仕入れや販売の仕組みを変えるなどにより，成長発展している小売業の事例がある．

　現在の消費者のニーズは，(1) 豊かさの追求，(2) 便利さの追求，(3) 価値意識の追求の3点である．消費者ニーズによる戦略方向は，次のようであろう．

　(1) 豊かさの追求

　経済社会の成熟化，情報化の進展に伴い高度消費社会に入り，消費者は豊かで，快適で潤いのある生活を確保したい欲求をもっている．したがつて，消費者，生活者の立場に立って新しい生活のあり方を提案，豊かな生活を提示していく機能が小売店に求められている．小売店は個々消費者，生活者の夢に合わせて，明日の生活の質（クオリティ）を提示し，生活文化を演出する場所でもある．例えば商品を絞り込み，顧客の多様なニーズの選択の幅を広げた専門店．ニッチ商法，すき間商法といわれる個人店の商法戦略もその一つである．

　(2) 便利さの追求

　現在，コンビニエンスストアが単に商品を販売する場から，サービス，金融，保険，さらに配達とあらゆる便利さに応え，顧客の満足を売る業態に変化してきている．近隣型小売店は，御用聞き，宅配，惣菜食品の充実，料理指導など，本来の小売店の姿に立ち返り，消費トレンドに対応していくことが必要である．高齢化，女性の社会進出のなか，家事の肩代わりをどこまでできるかが問われている．

　(3) 価値意識の追求

　アメリカの未来学者ワイスのマーケティングの位相によると，現在は文化・芸術欲求充足の時代であり，そのキーワードは「美感遊創」[8]であろう．

商品が見た目に美しく，感性があり，遊び，ゆとりがあり，明日に向かって創造的な商品が価値として評価され，求められるということである．それは本物指向であり，徹底したこだわりにつながる．

ロケーションも「美感遊創」である．ショッピングセンターとともに同地域にアミューズメントセンター設置の相乗効果の方向もその一つである．

今後，高度情報化の進展，商業政策の転換にみられる規制緩和，高齢化，女性の社会進出，少子化など消費市場の構造的変化が予想される．

世界第2位の小売業，フランスのカルフールが2000年12月に千葉市幕張に出店・開業の予定であり，関西では大阪府和泉市に出店計画がある．世界最大の小売業ウォルマートも，有望市場日本への進出を虎視眈々と狙っており，日本の小売市場は，これからメガバトルの展開による流通外資との激烈な戦場となるであろう．そのはざまにあって，中小小売業は御用聞き，配達など本来の利便性サービスに徹し，高齢者，女性などの客層の小さな暮らしの変化に対応し，満足を売る商略を発揮できるか，どうかが問われている．

注
1) 福田敦［1999］99ページを参照．
2) タウンマネージメント機関（TMO）とは，通産省によると，「市町村のマスタープランにしたがって，中小市街地の商業全体を一つのショッピングモールに見立て，総合的かつ独自の優れた計画によって推進される事業を実施し，市街地の運営・管理（タウンマネージメント）をおこなう機関」とされる．
3) 京都商工会議所［1999］7ページ，40ページ参照．
4) モビリティ（移動性）
5) バリアフリーは，高齢者，障害者の生活，活動に不便な障害を取り除くこと．
6) 根田克彦［1997］129ページを参照．
7) 同上．
8) 福川伸次氏（現電通総研研究所長）が通産省事務次官時代に，時代を見据え提唱した言葉．

参考文献
伊藤元重［1994］,『挑戦する流通』講談社．
福田敦［1999］,「商業集積の競争力強化に向けた組織展開と中小小売業の戦略課

題」前田重朗・石崎忠司編『中小企業の現状とこれからの経営』中央大学出版部.
京都商工会議所［1999］,『おこしやす伏見～水が育んだ歴史ある町報告書』
京都市総合企画局［1998］,『京都市の商業』京都市
久保村隆祐／流通問題研究協会編『21世紀の流通』［1991］, 日本経済新聞社.
日本経済新聞社［1990］,『ベーシック流通入門』日本経済新聞社.
日経産業消費研究所［1997］,『現代流通産業』日本経済新聞社.
野口智雄［2000］,『流通メガバトル』日本経済新聞社.
根田克彦［1997］,「商店街の情報対応」川端基夫編『情報化と地域商業』千倉書房.
通産省［1998］,『平成9年商業統計表』（確報）
通産省［1999］,『大店立地法（案）指針・策定について』
通産省［1998］,『大店立地法（案）の関係資料』
三村優美子『現代日本の流通システム』［1992］, 有斐閣.
山田順一郎［1997］, 「規制緩和と小売商業の変革」井口富夫編『規制緩和と地域経済』税務経理協会.
山田順一郎［1992］,「タウンマネージメント機能構築の一考察」日本経営診断学会編『経営診断技法の体系』同友館.
山田順一郎［1999］,「流通政策の転換と地域商業の変革」『社会科学年報第28号』龍谷大学社会科学研究所.
山田順一郎［1997］,「競争と提携」『景況　97, 10』京都みやこ信用金庫.

第 2 部　創造性の発揮

第5章　地域と大学をつなぐリサーチパーク

明　石　芳　彦

1. 京都リサーチパーク

1.1 これまでの経過と提供される機能

　京都リサーチパーク（以下，KRP）は1987年10月に設立され，89年10月から創業している．これまでに10年余りが過ぎたが，KRPのこれまでの経過とKRPが京都において果たしてきた機能について概観してみよう（詳細は明石［1999］参照）．

　第1に，民間事業としてのリサーチパークであるKRPの特色は，独立採算性を重視せざるを得ないことである．事業費の調達という中には補助金等資金の獲得という形もあるが，（グループ会社の支店としての入居も含め）テナント入居率の高位安定が95年度以降えられ，96年度から単年度事業として黒字転換し98年度には累積赤字を解消した．全国各地にあるリサーチパークの設立目的は様々であるが，独立採算性の制約も少なく，地域振興という大義が優先されつつ補助金拠出等がなされている地方自治体事業（第三セクター方式を含む）とそれは大きな違いである．

　第2に，人が集まり，技術・経営に関わる情報入手の用を足す「場」の提供機能である．地元の有力な公的機関である京都市工業試験場や京都府中小企業総合センターなどを1カ所に集約したことで，技術開発等の面での試験研究機能と経営・技術相談機能が場所的に集約されたことが「ワンストップサービス」の前提を築いた．それは府と市の「共同」なくしては実現できな

かった．また，各種セミナーやイベント・会議・交流等を開催する場として，すなわち学習と相談の拠点として「場の提供」機能を果たしている．

第3に，ベンチャー企業を育成する「インキュベーション」のための施設の提供や場の設定としての役割がある．インキュベート施設は，KRP本体の建物内ほかと京都市の京都高度技術研究所（ASTEM）棟内にある．個人または少数グループが新規事業を立ち上げるための技術開発の場，あるいは新規事業開始直後のオフィスとして利用する目的で，「最小限」の機能を備えた「割安な」場所を提供し，事業の拡大や産業活性化に寄与しようとするものである．それはまた，技術やアイデアを保有しながら新規事業の立ち上げに至っていない人を発掘したり，事業開始を支援・促進する機能とも関連する．

第4に，インキュベート機能とは何かという議論にも関わってくるが，KRPが基本的には場の提供から一歩進んで各種支援サービスのメニューを増やしていくなど，事業基盤をテナント業から仲介業へと比重を変えていこうとするならば，技術的シーズやビジネスアイデアをめぐる需要と供給の調整者としての機能を，リサーチパークの重要な事業と見なすこともできる．民間企業同士あるいは大学と産業の結節点となり，両者の要望を事業として仲介する機能を高めていくことである．それは分野の異なる企業間，あるいは大企業と中小企業の間での調整のほかに，最近では大学技術の民間企業への移転促進というTLO機能とか民間企業側の研究・技術開発支援を求める声を大学・研究室に届ける受委託開発契約の仲介機能に代表される．とくに，ベンチャー企業の育成や大学研究成果の事業化に関連しては，研究開発資金を拠出する主体と，研究開発の成果を事業化する主体等に関わる様々な調整が不可欠である．

第5に，京都地区に限定されたことではなく一種のシンボルであるかもしれないが，情報・マルチメディア産業の振興策の一環としての役割があろう．

1.2 波及効果と他リサーチパークとの比較

　KRP の知名度と名声は京都域外においても高まっている．さまざまな人との出会いの頻度が高く，人的ネットワークの形成ができるという期待がある．「ここに来れば，問題が解決する」という心理や評判が生まれたり，入居していることへの信用度も高まっているようである．「場」の提供という点では訪問者の数とかセミナー・会議の開催件数等で推測するしかないが，会議開催は年間 1,000 件，10 万人が利用しているという[1]．また，「地元」大学との結びつきという点では後述する通り，次第に緊密な関係が形成されつつあり，「大学・研究機関との接点が増えた」という声もある．

　入居者への評判が高いのは他リサーチパークでも同様である．また，大学との関連はリサーチパークごとにさまざまであるが，概して言えば地元大学特定研究室との個別的つながりというレベルが多いようである．ただし，交流や技術移転の「場」の提供という機能以上の「集積効果」が発生するとの期待にはなお疑問もある．ソフトウェア開発を中心とする札幌の場合でも産業集積効果について入居者同士の受発注関係はごく限定的のようである．

　さて，リサーチパーク開設と地元産業の底上げとの関係とか各地域にとってリサーチパークの存在感を，何らかの指標から統計資料的にうかがうことができるだろうか．1 つの試みとして，情報産業に力点を置いた札幌テクノパーク，かながわサイエンスパーク，ソフトピア・ジャパン，京都リサーチパークを取り上げて比較してみよう．(1)札幌テクノパークは 1986 年に設立され，99 年 10 月現在 60 社 2,400 人が入居しており，ソフトウェア開発を中心とする老舗のリサーチパークである．札幌テクノパークの設立当初に政府支援はなかった．札幌市は製造業比率が極端に低いのに受託システム開発などの受注は多く，大手企業の北海道ブランチという性格が強く，自分のスキルが活かせる社内 U ターン志望者を活用しているという特色もある．そこでは関連する運営財団から技術開発のテーマと「呼び水」資金が入居企業（大手，地元）等に適宜提供されるなど，パークという「場」を利用する仕組みを通じて地域産業の活性化を目指している．(2)かながわサイエンスパ

ーク (KSP) はリサーチ法の適用を受け，1988年に設立，99年12月現在120社4,000人の入居者がある．KSPは，かつては事業開発委託方式で入居企業に投資したり，その後スタートアップ育成に力点をおいてきたが，「支援すればうまくいくとは限らない」という結果を見たこともあり多額の借入金が残った．そこでは，技術開発指向型企業を厳選し育て，大きく成長させる方針が強い．また，場所柄，高度な研究を行う企業・組織の入居も多い．

(3) ソフトピア・ジャパンは1994年設立，2000年1月現在77社1,200人の入居者がある．それは地域産業の活性化・振興策の一環とされ，設立当初から岐阜県単独事業として展開されてきた．インキュベートルームに限らず，地元企業・県民の情報関連能力の向上を目指すセミナーや相談所など手厚いサービスも特徴である．

(4) KRPはリサーチ法の適用を受け1987年設立，2000年2月現在130社2,400人の入居者がある．KRPは10のビル等からなり，テナント交流イベントの実施，産学交流によるコーディネート（シーズ情報提供や共同開発等），ビジネスフェア等の運営支援などを行ってきた．KRP内には，京都府・市を中心としたベンチャー企業支援設備と，KRP自身の支援設備とがある．さらに，関西TLO㈱を設立したほか，京都市，ASTEM，および周辺の大学や企業との連携を強化し，地域プラットフォームの構築を目指している．京都市は「ものづくり都市・京都」をめざし地域の視点に立った①創業の促進，②中小企業の新技術を利用した事業活動の支援，③地域の産業資源を活用した事業環境の整備という新事業創出支援体制構築の基本構想を策定した．新事業創出促進法（平成11年2月施行）に基づき，ベンチャー企業の創業から成長に至る一連の支援を行うわけである．㈶京都産業技術振興財団も創造活動促進法認定企業に対し，物的担保なしに1社当たり最高1億円の低利融資を始めた．

次に，通商産業省『特定サービス産業実態調査報告書・情報サービス産業編』昭和57年～平成10年版を用いて，これらのリサーチパークが立地する市・県レベルにおける事業所数，従業員数，売上高の推移を1982-98年につ

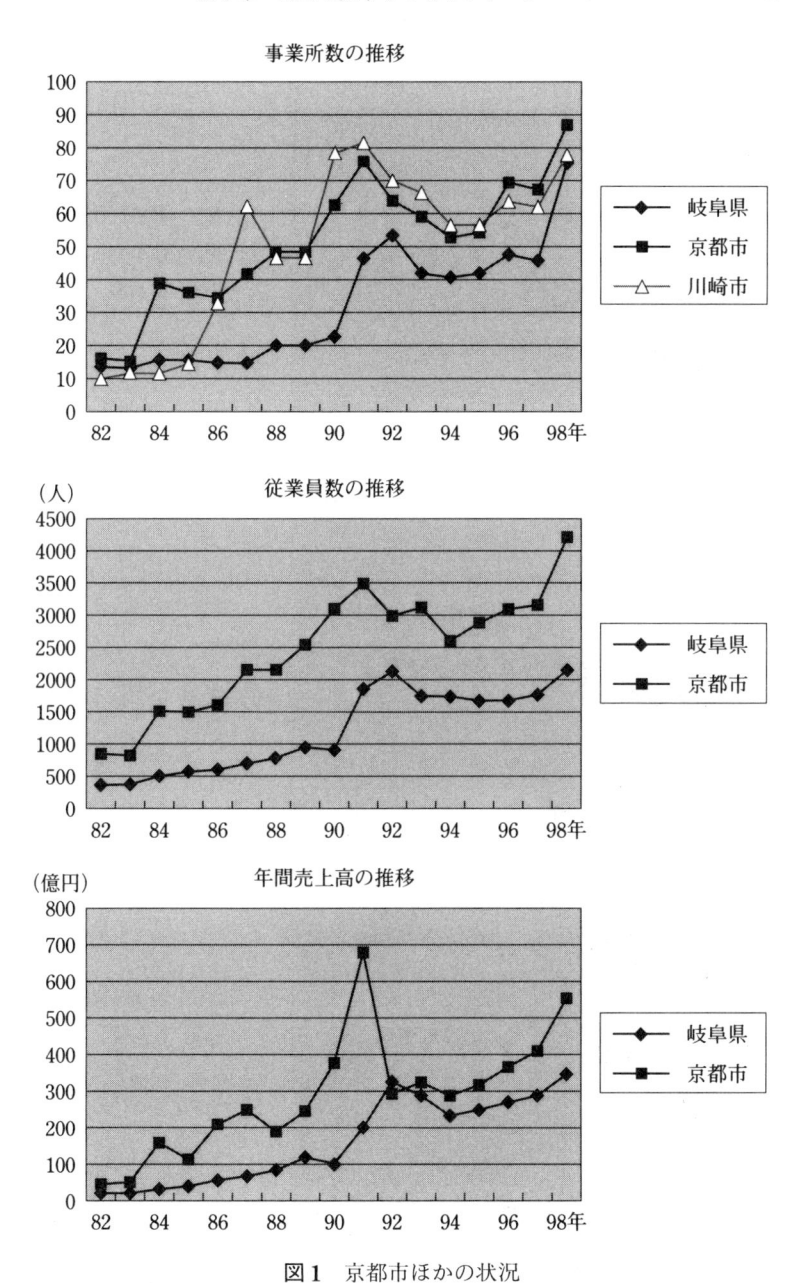

第5章　地域と大学をつなぐリサーチパーク　　　　　　　　　105

事業所数の推移

従業員数の推移
(人)

年間売上高の推移
(億円)

図1　京都市ほかの状況

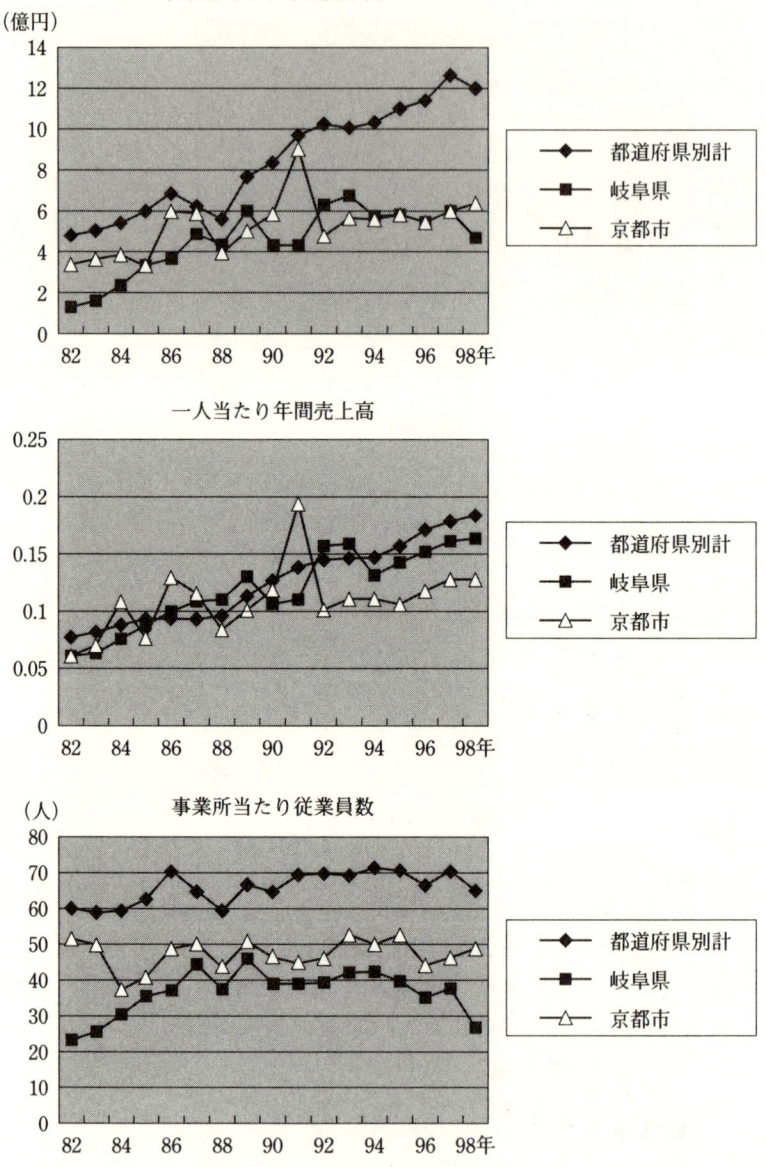

図2 京都市ほかの規模あたりの推移

いて比較してみる[2]．図1から，事業所数では京都市と川崎市はほぼ同水準で推移している（図示していないが，札幌市の事業所数は他3地区の2倍前後で推移している）．しかし，従業員数と売上高では札幌市と川崎市が大きく，京都市と岐阜県はかなり小さい．図2からみても，京都市と岐阜県では規模が小さい活動から構成されていることになる．そして，全国的に拡大傾向にある中，各都市等のリサーチパーク設立と事業所数，従業員数，売上高などの拡大との直接的関連を見いだすことは容易でない．それは例えば従業員数で見て，京都市データ4,000人に占めるKRPの人数が数百人程度とその比重が小さく，明確な関係を読みとることができないことにもよる．

2. 産学連携の結節点としてのリサーチパーク

2.1 TLOへの期待と「関西TLO」

社会の側から「ハイテクベンチャーの起業促進のために，大学の技術を活用しよう」という声があり，大学側にも「自分の研究成果を社会で活用して欲しい」とか「これまでは，よい成果をあげても，すごく安い対価で企業が事業化していた」が今後は「TLO（Technology Licensing Organization）で研究費を稼ごう」などという声が高まっている．その背景には，研究成果の社会的貢献を目に見える形にし，できれば研究費を賄いたいという意向がある．だが，華々しい標語や一部成功事例と，持続可能な具体的仕組みを構築することとの間にギャップはないのか．また，それぞれの関連組織が取り組むべき課題は何であろうか．

(1) アメリカ事情への「過剰期待」

周知の通り，アメリカにおける象徴的事例は1974年スタンフォード大学コーエンとカリフォルニア大学サンフランシスコ校ボイヤーが「組み替えDNAの使用に関する特許」を申請し80年に認可されたコーエン・ボイヤー特許の取得である．公式被認可者はスタンフォード大学であり，特許使用

料は1件当たり年1万ドルであった．スタンフォード大学の技術免許認可局が特許収入の15%を手数料経費として受取り，それを除く残額を2大学で均等分配するものであった．それはシータス社の特許独占戦略に対抗して特許申請されたものだが，所定の使用料を支払えば誰でもライセンスを受けることができる点では非独占的許諾で公平であったが，研究目的での使用であっても従来通りの無料ではなく有料(1万ドル)となった点では「弊害がある」といわれた[3]．こうした研究成果が特許化された背景には，人類共通の知的財産ともいえる遺伝子に関わる科学的情報に特許を付与すべきかどうかの議論があった．また，大学における発明者個人の研究成果を特許化することに関わり，バイ・ドール法(1980年)の成立があり，それに先だっては大学技術管理者連盟 AUTM の動きがあった[4]．

いずれにしても，そうした事態の展開を受け，スタンフォード大学は技術成果の商業利用と研究費収入源の面で著名となった．同大学の1995年の TLO ロイヤルティー収入は3900万ドル(約56億円)である[5]．一方，宮田[1999]によれば，大学研究成果の特許権利化を通じて大学収入の拡大をはかっているうち，大学研究予算の5%以上のライセンス収入を獲得しているのは，AUTM から統計が取れる77大学中，9大学にすぎない．また，企業から大学に資金提供された金額以上のライセンス収入を獲得しているのは76大学中，7大学にすぎない．多額のライセンス収入を上げている大学はアメリカにおいても特定の「著名な」大学に限られており，そこでの金額の多寡は「鉱脈」を探り当てる確率やそのタイミングに左右されているのである[6]．また，AUTM の Licensing Survey 1996-98年度によれば，ライセンス収入の86-87%がライフサイエンス分野関連の発明から生み出されており，学術分野としてはバイオ医学系の寄与度がきわめて高い．

(2) 関西 TLO

日本での TLO 関連の動きは，1998年8月1日文部省・通産省「大学等における技術に関する研究成果の民間事業者への移転の促進に関する法律」

(通称，大学等技術移転促進法）が施行されてからである．その受け止め方として，①「研究費の確保」「多角的な財政戦略」（日本大学総長），②「技術を紹介するだけでは移転は進まない」（関西TLO）—採算に合う製造技術や，実用化に耐える小型化技術への改良が必要，③「TLOの維持・運営に必要な費用を稼げるほど質の高い特許を保有できるのだろうか」（九州大学工学部長）などのパターンがある[7]．

企業から大学への資金提供は従来から今日まで①奨学寄付金，②受託研究，③共同研究などの形態があるけれども，国立大学の場合，比重的に①中心であった（いずれの形態でも外国大学との連携も多い）という[8]．だが，この場合，特許は企業に属してしまい，大学の社会的貢献が見えない．また，第三者の目にはそうした使途自由の寄付金などに「不透明感」が残る．一方，TLOは，個人や研究室から委託されて発明の特許権利化をはかり，また特許の使用者を探索したりライセンス条件を交渉したりして，成約時にはその一定率を発明者に配分する組織である．TLO経由では，特許は大学・発明者に属するし，契約方式のため責任と役割が明確化される面もある．

さて，関西TLOは，京都リサーチパーク，学校法人立命館，京都大学教官有志（76名），大阪中小企業投資育成株式会社が出資して，1998年10月30日に設立され，同年12月4日に「承認TLO」となっている．設立後短いが，特許出願等の状況（2000年2月29日現在）を見ておくと，出願件数44件（うち外国出願手続き中が2件），手続き中が10件である（これら以外に，立命館大学からの特許出願委託分が25件ある）．一方，ライセンス状況としては，実施契約2件（「走査型プローブ顕微鏡」「多地点会議システム」），ソフトウェア使用契約1件，オプション契約1件などである．

2.2 大学研究・技術成果の社会的活用・事業化に関する論点

リサーチパークと大学との関係を検討する場合，地域社会と大学などを含めた幅広い関係を論じる方法がある．けれども，ここでは主としてリサーチパークの役割に焦点を当てていること等の理由から，狭い意味での産学交流

を中心とした検討を行う．

(1) 大学・研究機関の見地からみた産学連携

大学における研究成果の「社会的」公表といえば，①論文・学会発表が学術界における評価をえるための基本であり，それがすべてという考え方も多い．②社会的公表（学会発表等）後の特許取得という点で，日本では6ヵ月間の猶予期間があり，公表に伴う発明内容の「公知の事実」化（新規性喪失）を回避でき権利化への道が確保されている．③発見・発明の特許化とか事業化をめざす研究や開発という視点から見ると，研究室や実験室で1つだけ，または少数の試作品を作り所定機能の発揮が検証された「製品作り」のレベルから，それと機能的には大差なくても，「量産」や外見上の審美性を高めるなど「売れる商品」化へと別種のエネルギーが求められ，配慮すべき視点も変わってくる[9]．つまり，量産用設計や試作品の改良あるいは顧客側ニーズに合致した用途開発と供給体制の整備等を重ねて初めて量産と市場販売が可能になるし，場合によればアフターサービスを必要とする．

このように，学術の見地からいえば，学会や専門雑誌での発表（学術分野での評価や名誉）が重要であり，モノづくりの見地からいえば，技術面での改良とともに費用削減の努力など，ビジネス仕様（量産仕様）への速やかな展開が重要となる．アイデア等の保有者は，新しい機能，物質・素材，合成法，機構等に関する自らの発見・発明・試作品等の社会的活用を意識していたり，その他の個人的関心から研究費の獲得を目指しているだろう．それ以外に，知的財産権獲得のための申請手続き・登録から他者へのライセンシングや他者の先行特許との係争等への対処も技術指導の一部として重要性が増してくる．

(2) 民間企業の見地からみた産学連携

ビジネス現場の視点から大学の研究・技術成果の事業化の流れをみるとどうなるであろうか．まず，中小企業・ベンチャー企業の場合，①技術開発上

のテーマや課題（ネック）が存在していてそれをいかに解決するか，それに助言をほしいという「課題認識」型があるだろう．いうまでもなく，その対象は資料・材料の検討，機能向上，メカ改良，費用（大幅）削減，用途開発など多岐にわたる．一方，②課題は漠然としか見えていないが，何か（機能，性能，費用等の面で工夫）しなければという「顧客」もいよう．それは，大学・研究機関の情報や提案とか指導をきっかけに「課題が見えてくる」など「ヒント探索」型とでもいうべき形態である．だが，「偶然の一致」を除くと，それはビジネス化までに克服すべき課題やプロセスが多い．悪くいえば，「おもしろそうなものはないか」という傍観者（?）のレベルである．

　大企業の場合，とくに多事業部を抱える大企業の場合，重層的研究・技術開発体制を有しており，目的基礎研究から応用・先行技術開発や（事業部内）製品改良的技術開発などを実施している．そこには自社内各種研究所があり，事業部レベルでも多数の共同研究開発等を実施している．けれども，応用的材料部分や部品等に関しては外部者への委託が多い．加えて，コストや人手等の点で「安価な」大学に，①事業や利益に直結しない基礎的研究分野における実験・試験等の代行や立証をしてほしいという「基礎研究代替」に関する願望を表明することが多い．また，日常的に共同研究・委託研究を行っており，ごく特定の大学・研究室には，②ハイテク研究の知識・成果を活用したいという意向を表明する．

　いずれにしても，「技術相談したい」，「手持ちの課題やテーマを克服できたら」というレベルから，できあがった技術や特許を買い取るのは「必要があるから」「やむを得ず」「安上がりだから」などの理由に基づくであろう．

(3) 技術移転・事業化（促進）のスキーム

　大学独自の収入源や個人研究室の資金源が増大するとか発明者への利益配分となるように大学の研究・技術成果の蓄積を活用できるという期待がある．けれども，そうしたTLO活用への期待に関連して，収入拡大のメカニズム，特許関連の手続きと技術領域ごとのライセンシングの現実など，さまざまな

側面から検討する必要がある．シーズ側の条件には，技術の社会的活用・実用化，あるいは技術開発支援等の意図がある．他方，ニーズ側には，技術課題克服の一手段として大学を活用したいという意向がある．

大学等技術の民間事業者への移転あるいは大学等技術の事業化メカニズムはいかに整理できるであろうか．まず，a) 技術移転というとき，特許ライセンスを通じた発明内容の公開・供与や技術開発上の問題解決業務を受託する形態などがあるだろう．また，b) 事業化というとき，共同開発や起業等を通じた形態があるだろう．大学に関連してみるとき，特許を媒介とし国の補助金対象である「承認TLO」という技術移転と，当事者間の委託開発または共同研究・技術開発を通じた試行錯誤を伴う技術移転とがある．TLO活用型に関する多くの議論は特許ライセンスを中心とする産学技術移転の捉え方に基づくと思われる．

他方，大学等が収入（授業料や政府系資金等を除く）を得る方法には，①知的財産権をライセンシングするかそれを譲渡・売却する，②発明成果等を自ら事業化する，そして③技術課題を受委託契約等の形で請け負うという3つの方法が主にある．①知的財産権ベースの場合，特許等の権利使用許諾料とそれに関連する委託研究開発費や寄付金受取などの従来型形態があり，②研究・技術成果の事業化の場合には，研究者が直接・間接に発明を事業化する形態となる[10]．

リサーチパーク・TLOが産学交流事業として促進したいのは，技術移転，技術開発，事業化（または創業）のいずれであるのか．ライセンシングという形で知的財産を活用するためには，大学の研究・発明成果の知的財産権化，すなわち特許等取得が前提である．しかし，知的財産権の取得自体は収入に結びつく成約とは別次元の話であり，あくまで法的権利の確定に関わる次元である．しかも，理由は別として，日本で登録された特許の67%が未使用と推定されている[11]．また，民間事業者は収益性を強く意識した技術の改良や使用方法にこそ関心を持っているかもしれず，特許出願の有無とは直接，関係ない．権利化（特許取得）とその事業化とは同義でないのである．中小

企業の「ニーズ」と先端技術とのミスマッチもあるだろう．結局，ユーザーが誰であり，その活用目的を何と想定するか．つまり，技術「提供」に伴う収入増加の期待について，そのありうる形態をもっと留意しなければなるまい．それは「承認TLO」に派遣される「特許流通アドバイザー」だけの機能を越えてくると思われる．

ところで，京都周辺地域における大学研究・技術成果の社会的活用事例をみておこう．例えば，立命館大学は，理工学部がびわこ草津キャンパスに移転した直後の1994年から外部資金の導入を想定した組織改革に取り組み，同年12月にはテクノコンプレックス（ロボティクス・FA研究センター棟）を完成させている．また，翌95年2月には（寄付事務局を改称し）リエゾンオフィスを設け，研究交流の窓口機能を向上させている．立命館大学の産学連携はその後もめざましく進んでいるが，ここでの主な関心は，理工学部における研究・技術的成果（シーズ）と研究・技術開発テーマに対する社会的ニーズとの「マッチング・メカニズム」を早期に構築したことである．同校の場合，きわめて現実的な判断から，中小企業等の委託研究・技術開発案件を大学内部委員会で速やかに検討し，研究・技術内容やそれにかかる費用など受託条件を企業側に示し，双方が条件面で合意できれば書面で契約をひとまず交わす．それを踏まえて，研究テーマに合致した大学側研究室でとりあえず期限を区切って具体的な開発・試験等を開始する．要するに，多様なテーマや依頼内容には単独研究室ではなく組織として対応し，その後，具体的な担当者や受委託条件などを調整していく仕組みとしてのリエゾンプログラムを構築したことがきわめて重要である．MIT，スタンフォード大学，カリフォルニア大学等においても，このリエゾン・オフィスとか，会員制の外部資金開発プログラム（sponsored program）が大学内外のニーズとシーズとの調整をつかさどっていると思われる．

2.3 京都リサーチパークの産学交流事業

KRPの産学交流事業は，企業側における研究・技術のテーマや課題を大

学に提示して問題解決をはかるとか，大学が保有する特許権を民間企業等にライセンシングしたり大学の研究や技術開発の成果を情報開示してそれらの社会的活用や事業化を支援するなど，産業界ニーズと大学側シーズとの仲介を行いその手数料を獲得したり，新規事業支援に関わる成功報酬を獲得するものである．KRPはそれを事業として当初から取り組んできたという．KRPに限らず，現実の問いあわせや需要が多いのは中小企業であり，期待されているのはここでいうリエゾン型であろう．リエゾン形式は，技術移転というよりも，大学と企業との受委託技術開発もしくは共同研究・技術開発の結節点としての性格が強く，それは一面で「持ち込み」技術的課題への対処や技術的コンサルティング等の性格も帯びている．リエゾン形式の遂行は従前から公設試験機関でも行われてきたが，KRPは産学交流を事業と位置づけている点では，収益追求という側面が特色である．これまでのところ，KRPのこの事業部門は赤字状態である．

　繰り返しになるが，産学交流には2つの形態があるだろう．1つは特許を前提とするTLO「本来の目的」に関わり，もう1つは（ビジネス仲介だけに限定されない）「リエゾン機能」に関わる．特許の申請や獲得を前提とする技術移転，あるいは特許のライセンスや売買を経由する技術取引型の技術移転は目に見える典型事例ではあっても，筆者が理解する限り，なお限定された「少数特殊事例」に過ぎない．つまり，大学から輩出される研究成果がTLOベースで特許の登録につながりライセンスされるということを，日本の日常的事象といまなお見なすことはできないという視座に立つ．それは日本に限られたことではないかもしれない．むしろ，大学に期待されているのは，研究・技術開発における多くの問題を解決する知恵の提供であり，具体的な改良成果であろう．地域により異なるが，従来そうした機能の一部を担う主体は各地域の工業試験場や地方公設試験機関の役割でもあった．産学交流という枠組の中で，この「プロブレム・ソービング」という日常的な技術開発活動をいかに促進できるであろうか．

　以上，産学連携に関する組織・機構は，特許ライセンシング（TLO）と

「リエゾン・プログラム」型という2つの形態がある．前者は「売れる」特許の存在が前提となっている．しかし，特許の申請や登録手続きをはじめTLO運営にも経費がかかるから，特許だけで収入を安定化させるためには，登録された特許が相当の件数となり，かつ継続的に追加され続けているか，あるいは「鉱脈」を適度に探り当てていないと，TLO組織を運営するのは現実には難しいだろう．その意味で，事業としての採算面から見ると，各地にTLOが「乱立」することは相互の営業基盤を弱めることになるかもしれない．逆に，それぞれが実効性ある特許の発掘や情報アクセス等の仕組みをいかにして構築していくかが注目される．その点で，KRPには現在，理工系の研究者約1,000名と中小企業を中心に約500社の研究・技術開発関連データが蓄積されている．このネットワークづくりに際して，それぞれの研究者の研究テーマや研究上の関心等，あるいは各企業が抱える技術的課題や悩み，必要としている技術ニーズを1つ1つ面談して積み上げてきたという．社会的に埋もれた未使用技術・研究成果の社会的活用を促進する仲介ビジネスには，インターネットからアプローチする方法もあるが，現実には個々の企業の特定のニーズを木目細かく精査していくKRPのやり方が内実を備えて信頼をえるものとして長期的に持続すると思われる．

3. リサーチパークと地域との結びつき：結びに代えて

リサーチパークはそれぞれの地域に固有の事情から設置されている面が無視できないし，中央官庁からの縦割り型資金等提供に関する事情も地域ごとに微妙に異なる．ましてや，既存産業・企業の生産技術・情報関連技術に関する能力には多様な特色がある．一方，立派な建物ができても学者・研究者が集うだけで，地元の中小企業や地場産業には縁がないという声もあるだろうし，関心を持ってもいきなり訪れるにはなお「敷居が高い」という声もある（関[1999]）．先端技術や大学での高度な技術が地域企業・地域産業と直接結びつかないことはしばしば指摘されている．

全国に設立されたリサーチパークの設立目的は概ね，第1に，地域ごとの産業振興（既存産業の高度知識化）や情報産業への取り組み等である．それは既存産業に代わる新規または次世代産業の種をまき基盤技術を形成することでもあり，そのために，アイデアや技術を持つ個人等の新規開業を支援することである．第2に，地元産業の知識や伝統的ノウハウの維持・継承等を何らかの形で支援し，技術的課題等の解決に協力する．第3に，地元企業が抱える技術開発上の課題を解決する上で，大学等が保有する知識・技術の社会的利用の媒介機能を果たすこともあるだろう．そのためには，訪問先への「敷居を低める」か，仲介窓口を明確にすることが重要であろう．とはいえ，実際には，技術水準を高度化することに慣れた大学研究者にとり，機能を大幅に簡素化し，費用を劇的に削減する条件での依頼案件に戸惑いながらも，新しい発見をすることが多いとも聞く．まさに，発想の転換が必要なようである．

　リサーチパークが抱える課題としては，まず，インキュベートマネジャーや成功事例の不足が共通にある．また，地域産業の振興や活性化というとき，直接・間接的支援の主体を，自治体が担うのか，企業や個人が担うのかという大きな論点もあろう．上で見たリエゾン機能を実施していく上で，自治体主導型の仲介と民間企業主導型の仲介とでその効果にいかなる差が出てくるかに注目したい．例えば，産学交流担当者に人事異動があるかどうかとか，事業採算意識が強いか「欠如」しているかが，事業遂行面で事業展開の幅を狭めたり拡大したりするし，事業責任を曖昧にする面がある．

　ところで，京都における伝統的産業（消費財）に関連する工芸的技術・ノウハウ・技能の高い水準や独自性へのこだわりが，フロンティア精神の発揮に際して有効であり，京都に活動拠点をおく「戦後生まれ」企業の成長をそれらと結びつけて解釈されることも多い[12]．リサーチパークが共通に抱える課題とは別に，京都リサーチパークに固有の課題は何であろうか．KRPの場合，事業構成の比重をテナント業から仲介業へと変えてゆきたいことは理解できたとして，仲介機能の範囲をどこまでと想定するのか．KRPのイン

キュベートルームに入居しているベンチャー企業への支援を行う場合，とくにベンチャー企業がその初期段階に遭遇するであろう資金不足を乗り越えるための支援がいかなる形でできるかも重要である．KRP自身が投資を行うためには独自ファンドの形成が前提となってこようが，いまのところ，そこまで踏み込んだ動きはない．この点では，ベンチャー企業の育成を将来の株式公開を想定した事業として捉えるのかそれとも，一種の「PR」として位置づけるのかという根本問題がある．やはり，KRPと関連する形での具体的「成功事例」が必要なようである．インキュベーターの具体的支援となる「ハンズオン機能」を提供するためには優れたインキュベート・マネジャーの存在が不可欠であろう．インキュベート・マネジャーには，技術や企画に通じているとか特許処理に関わる能力ではなく，できあがった商品の事業化に関わる総合的な問題解決能力とか，マーケティングや資金提供など関連事業者との人的接点を生み出すという「作った商品」を「売れる商品」に仕立てる能力が重要と思われる．少なくとも従来において，KRPを含め国内の大半のリサーチパークではそういう人をおかず，場の提供に徹している．情報交換の「場」づくりの段階を経て，事業としての産学交流においていかなる展開が次にできるのか．「独立採算性」を意識するKRPの活動が，日本の先行成功事例となることを期待する．

注
1) パンフレット「おかげさまで10周年／京都リサーチパーク KRP 10th Anniversary」による．なお，KRPに関するマスコミ報道は新聞記事掲載でみて年間60件という．
2) 総務庁『事業所統計』は4-6年に一度の調査ゆえ検討には適切でないと判断した．
3) コーンパーク［1997］313-322ページ．なお，それは1999年特許満期にて権利消尽した．
4) 1968年ウィスコンシン州立大学マディソン校が当時の保健教育厚生省と特許権実施契約を締結した．現在の大学技術管理者連盟AUTM (Assoc. of Univ. Tech. Managers) の前身である大学特許管理協会Society of Univ. Patent Adm. が1974年に設立され，大学発明に権利付与する法案化を要求した．カー

ター大統領「産業技術革新政策に関する大統領教書」の意向もあり，1980年12月米国特許商標法に修正条項が追加された（P.L.96-517, Patent and Trademark Act Amendments of 1980, いわゆる Bayh-Dole Act）．なお，以上の資料の出所は，東北通商産業局ホームページにおける「東北地域における大学等からの技術移転の促進に関する調査報告書」（調査やとりまとめは東北大学）と同「産学官連携のページ」および AUTM ホームページなどによる．

5) スタンフォード大学の1969年から98年度の累積収入実績は1億1100万ドルといい，そのうち収入上位4項目として，組み替えDNA 5340万ドル，FM音声合成法（ヤマハに供与）1390万ドル，コンピュータ断層撮像関連620万ドル，藻類タンパク質関連590万ドルなどである．なお，組み替えDNAと藻類タンパク質関連はカリフォルニア大学も同額である．『研究開発マネジメント』1999年10月，32ページ．

6) 国立公衆衛生研究所NIHや国防省などが特定大学の関連組織へ多額の研究資金を提供しているが，それは目的基礎研究費と見なされる．他方，宮田［1999］によれば，州政府が行う資金提供は農業など地元の産業振興や特定テーマにおける開発推進など目的や性格がまちまちであると思われるが，近年は財政逼迫ゆえそれもかなり減少しているようである．

なお，AUTM Licensing Survey—Summary によれば，発明や特許の数，雇用機会や新規企業の創出を通じて相当の経済効果を上げていることが力説されている．とくに，中小企業への技術移転に関連する発明が全体の約6割であり，新規創業への寄与もある．

7) 『日本経済新聞』1998年10月10日，99年2月17日，6月3日．ただし，私立大学の場合，職務発明と個人発明の区分規定を校則等で明確にする必要がある．また，TLOに関わってくる個人発明の場合でも，企業との共同研究の場合，企業側の了解が必要となる．なお，ここでは「承認TLO」を念頭に論じている．これまで日本の大学で特許申請にもっとも意欲的であった東海大学は1974年から学内組織（情報技術センターと研究推進部）で技術移転事業を実施している（『発明』1999年10月 36ページ）．「承認TLO」の場合，大学から民間事業者への技術移転に限り，その承認から5年間は年間3000万円の助成金が支給され特許流通アドバイザーが派遣される．

8) ただし，私立大学の場合は，奨学寄付金の受取が損金扱いと見なされ課税対象となるため，奨学寄付金は国立大学において支配的であったというべきである．

9) 筑波大学での経験事例として，実験装置・試作品と製品化の技術は別次元であると実感したこと，用途開発や「売れる」商品化への努力，資金獲得や大学との各種交渉も難題であり，単品製造から，量産または個別ニーズへの対応能力（設計変更，製造対応，納期）などをこなすうえでは外部委託しなければ，大学職務との「兼業」では急成長できず，VC投資の対象には不向きという．

田崎ほか［1999］参照．この報告時の意見として，大学は事業存続のためのマネジメントさえ不十分であるため，民間事業者の目には出発から販売，法務対策能力まで「無防備」に近いという．

10) 塚本［1999］によれば，カリフォルニア大学バークレー校（95-97年度の値）では，研究契約3,800件，民間スポンサーの研究費8790万ドル（総収入の9.2%），スタンフォード大学（96-97年度の値）では，研究契約2,600件，民間スポンサーの研究費4400万ドル（総収入の3%）などである．日本の場合，東海大学では年間700件以上の委託研究契約等があり，外部機関からの導入金額は20億円を超えるという（『発明』1999年10月37ページ）．立命館大学では97年度に130件以上の受託研究と共同研究があり約6億円の外部資金（科学研究費を除く．総額では10億円超．田中［1999a］89ページ，同［1999b］3ページ）を得ているという．また，日米大学の日本における特許出願件数を1993-97年累計で見ると，カリフォルニア大学184件，東海大学144件，スタンフォード大学78件，ワシントン大学75件，MIT 71件，ミシガン大学59件などである（『日本経済新聞』1999年8月15日）．

なお，アメリカにおける技術収入の獲得方法には，新規事業を立ち上げてその株式を店頭公開させ，その後に株式を売却し利益をえる形態も多い．AUTMでも licences and options と表現している．日本では，会社や株式の売買というそうした形態がほとんど観察されていない．

11) 通商産業省特許庁編［1997］54ページ．特許関連部門の収支が安定的に黒字である日本企業はさほど多くなく，例えば日立製作所はそうした数少ない企業の代表である（『通産ジャーナル』1997年6月，14-16ページ，『TRIGGER』1999年7月，20-22ページ）．

12) 最近では，真下［1999］，日本経済新聞社編［1999］を参照．

参考文献

明石芳彦［1999］，「京都リサーチパーク」関満博・大野二朗編『サイエンスパークと地域産業』新評論，98-122ページ．

AUTM (Association of University Technology Managers, Inc.), *Licensing Survey—Excecutive Summary*, various year, at home page (www. autm. net)

コーンバーク著（上代淑人監修　宮島郁子・大石圭子訳）［1997］『輝く二重らせん―バイオテク・ベンチャーの誕生』メディカル・サイエンス・インターナショナル（原著は Arthur Kornberg, *The Golden Helix : Inside Biotech Ventures*, 1995, University Science Book, CA）

真下仁志［1999］，『ベンチャー企業と京都』同友館．

宮田由紀夫［1999］，「アメリカにおける産学共同の実証分析」（手稿），および産業学会中部部会1999年11月27日報告資料．

日本経済新聞社編［1999］,『京阪バレー——日本を変革する新・優良企業たち』同社．

立命館大学「LIAISON　産学交流のご提案」(パンフレット).

関満博・大野二朗編［1999］,『サイエンスパークと地域産業』新評論．

関満博［1999］,『新「モノづくり」企業が日本を変える』講談社，終章．

通商産業省特許庁編［1997］,『これからは日本も知的創造時代』通商産業調査会．

田中道七［1999a］,「立命館大学における産学連携事業の実態」『研究　技術　計画』14 (2), 86-94 ページ．

田中道七［1999b］,「進化する産学連携」金属学会『まてりあ』38 (11), 1-4 ページ．

塚本芳昭［1999］,「研究大学における産学連携システムに関する研究」『研究　技術　計画』14 (3), 190-204 ページ．

田崎明・巨瀬勝美・拝師智之［1999］,「国立大学の技術を基にした企業創出の実際と問題点」研究・技術計画学会第14回年次学術大会『講演要旨集』59-63 ページ．

横田慎二［1999］,「ベンチャー企業とサイエンスパーク—地域におけるベンチャー企業創出の拠点—」忽那憲治・山田幸三・明石芳彦編『日本のベンチャー企業—アーリーステージの課題と支援—』日本経済評論社，157-182 ページ．

第6章　環境政策の潮流とエコ・ビジネスの動向

花　田　眞　理　子

1. 環境政策の潮流

1.1 公害対策から環境政策へ

　戦後，先進各国は豊かな生活を希求して，急速な経済発展と生産規模の拡大を続けてきた．しかし，大量生産・大量消費・大量廃棄を前提とした経済システムに支えられた企業活動の増大は，やがて大気・水・土といった自然環境の汚染をもたらし，人間を含む生物の健康や生態系に深刻な悪影響を及ぼすようになった．公害問題の顕在化である．日本でも，高度経済成長期を経て，60年代後半には，公害が深刻な社会問題となっていった．そこで，1967年に「公害対策基本法」が制定され，特定の環境汚染物質の排出防止などの直接規制を強化した．その結果発生する公害対策コストは企業にとって，できるなら削りたいがどうしても負担させられてしまうマイナス要因として認識されていたのである．

　その後70年代から80年代にかけて，石油危機，タンカー事故による海洋汚染，砂漠化の進行，オゾンホールの発見，酸性雨によるヨーロッパの森林枯死など，地球環境問題の深刻化が問題となってきた．人間の経済活動が，直接的な公害の発生ばかりでなく，資源の枯渇や生態系の破壊といった不可逆的な悪影響を全地球的に及ぼすことや，その環境問題の複雑性が指摘されるようになったのである．

　かつての公害問題では，環境汚染を起こし，被害を生じさせた加害者（企

業）と，その被害を受けた被害者とが，明確に区別できた．したがって，汚染源である企業が，利潤追求の過程で引き起こす悪影響を防止ないし禁止して，発生した被害については企業に補償させるというのが公害対策であった．しかし，企業の経済活動の結果として生ずる，環境や生物への悪影響は，地理的にも時間的にもすぐに現れるとは限らない．科学技術の進歩や新化学物質の発明などによって，遠い外国や，世代を超えた生物に影響が出るなど，複雑で因果関係が特定できにくい場合も多くなってきた．さらに深刻なことに，その影響が顕在化してきたときには取り返しのつかないほど事態が深刻化し，無数の人や生物が被害をこうむってしまうことも明らかになってきた．その一例が，60年代に「魔法の化学物質」としてもてはやされ，大量利用されたフロンガスの放出による，現在進行形のオゾン層の破壊と有害紫外線被害である．

　また一方で，一般市民の加害者化が進んできたことも環境問題を複雑にしている．自動車利用による大気汚染や地球温暖化，使い捨てのプラスチック製品の焼却によるダイオキシンの発生，電化製品の利用による電力量の増大がもたらす地球温暖化や酸性雨など，経済的に豊かで便利な生活を求めるライフスタイルは，環境汚染を助長してきた．そして徐々に，公害のような企業の生産活動過程による影響だけではなく，企業の提供する商品を消費しながら利便性を渇望する人間の生活そのものが環境を悪化させ，その結果，生活者自身に被害が生じているというメカニズムが明らかになってきた．それは，環境問題が一国内の特定企業の環境汚染行為を対象とする「公害対策」では対応しきれないほど複雑になってきたことを示している．そこで，人間の活動全体を対象として，社会経済システムの変革を促すような「環境政策」が求められるようになってきたのである．

　日本では，従来の「公害対策基本法」と，「自然環境保全法」の一部とを吸収する形で，93年に「環境基本法」が制定された．この法律の対象は，「公害」に加えて，「環境保全上の支障（被害には至らずとも本来維持すべき自然環境の保全に支障を与える人の活動）」にまで広がった．その結果，公

害対策のような，特定の環境汚染行為を防止する直接規制の方法では，技術的限界や政策コスト上の困難などの問題が出てきた．そこで，環境への負荷を低減させるために，企業や消費者の自主的積極的取組みを誘導する間接的な手法を取り入れる必要が生じてきたのである．補助金・優遇税制度やデポジット制度など，市場原理を通じた経済的インセンティブを利用した〈経済的な手法〉はその一例である．

こうした環境政策の潮流は，京都市の環境保全関連施策を振り返っても，公害防止から地球環境保全への政策スタンスの変化として読み取ることができる（表1参照）．これらの施策の一環として，「環境保全資金融資制度」による中小企業者の公害防止施設設置を支援する制度（表2参照）や，「京都市公害総合管理システム」による，環境及び発生源の監視・予測・制御に必要な情報の一元的な処理管理などの環境保全対策も実施されている．

なお，1992年にブラジルのリオデジャネイロで開催された「環境と開発に関する国連会議（地球サミット）」の合意に対しても，京都市は積極的な姿勢を示している．この地球サミットでは，「気候変動枠組み条約」「生物多様性条約」等とともに，「アジェンダ21」が合意され，それにより各国は，21世紀に向けて持続可能な発展のための具体的な行動計画を策定することとなった．日本も国レベルの対応として，93年12月に日本版「アジェンダ21行動計画」を決定したが，さらに94年には環境庁が各自治体に対して「ローカルアジェンダ」の策定を要請した．そこで，京都市は97年に「京（みやこ）のアジェンダ21」として，環境と共生する持続型社会への行動計画を決定，98年には「京のアジェンダ21フォーラム」を設立して，行政と企業と市民のパートナーシップによって具体的な取組みを進め始めている．

1.2 新しい環境規制とビジネスチャンス

90年代に入って「環境基本法」「環境基本計画」を柱とした環境法体制の改編が行われ，「改正省エネ法」，「環境アセスメント法」，「容器リサイクル法」，「家電リサイクル法」などの新たな法律が次々と制定されてきた．これ

表1　京都市の環境保全関連施策

年	施策
1968	京都市公害防止設備改善融資制度制定／公害課を設置
1969	京都市公害対策審議会発足（1994年廃止）／大気汚染常時監視テレメータシステム採用
1970	京都市公害対策会議設置（1996年廃止）
1971	四条河原町交差点にCO・騒音電光表示装置を設置／公害対策室を設置
1972	光化学スモッグ対策会議設置／「京都市公害情報」発行
1973	公害防止研究専門部会（公害対策会議）設置／「環境週間」事業（第1回）
1974	京都市環境保全基準告示／京都市公害防止基本計画策定
1975	京都市し尿浄化槽指導要綱制定
1976	京都市大気環境管理計画策定／京都市硫黄酸化物対策指導要綱制定／京都市硫黄酸化物対策指導要綱に基づく公害防止協定締結（工場・事業場52社）／びわ湖・淀川環境会議発足
1977	環境影響評価専門部会（公害対策会議）設置
1978	京都市水質環境管理計画策定／京都市水質汚濁防止対策指導要綱制定
1979	公害センター開所／京都市公害総合管理システム（KEIMS）本格運用／「まちづくり構想」の見直し発表しし尿浄化槽指導要綱全部改正／中学生のための公害教室（公害センター）始まる
1982	京都市環境影響評価制度大綱発表
1983	「京都市基本構想」発表
1984	環境管理計画専門部会（公害対策会議）設置／「移動公害教室（環境週間）」始まる
1985	「京都市基本計画」策定／「市民のみた京都の環境」発表／京都市浄化槽指導要綱改正
1986	京都市環境保全基準告示／京都市環境管理計画策定／有害化学物質対策専門部会（公害対策会議）設置
1987	環境モニター制度発足
1988	大気・水質環境管理実施計画策定／「公害・環境行政20年のあゆみ」発刊
1989	公害防止資金融資にアスベスト対策を追加／大気汚染対策指導要綱，水質汚濁防止対策指導要綱制定／家庭用合併処理浄化槽補助金制度制定
1990	京都市環境保全事業振興基金条例施行／「公害対策室」から「環境保全室」へ名称変更／「再生紙の使用，紙ごみ回収」始まる／「公害防止事前相談制度に係る緑化指導指針」策定／身近な水辺環境をはぐくむ活動補助金制度制定／地球環境問題専門部会（公害対策会議）設置
1991	「環境問題普及啓発計画」策定／京都市自動車公害防止協議会（関係行政機関・業界団体）設置／地球環境保全活動指導者制度発足
1992	「京都市における地球環境問題への取組の方向」策定／「京都市内の建設工事における熱帯木材の使用量削減」策定／小学校5年生用環境副読本配布開始
1993	「京都市自動車公害防止計画」策定／低公害自動車購入資金融資制度制定／「京都市環境影響評価要綱」制定
1994	京都市環境審議会発足（京都市公害対策審議会廃止）

1995	「ごみ減量リサイクル行動計画」策定／京都市環境保全活動助成制度創設／市民環境講座開始
1996	「新京都市環境管理計画」制定／「京都市環境保全基準」告示／京都市環境保全推進会議設置（公害対策会議廃止）／国際環境自治体協議会に加盟／家庭用冷蔵庫からのフロン回収開始
1997	「京都市環境基本条例」公布／「京都市役所エコオフィスプラン」策定／「京都市地球温暖化対策地域推進計画」策定／「京（みやこ）のアジェンダ21」策定／国際環境文化都市会議in京都開催／気候変動枠組条約第3回締約国会議（COP3）関連事業の実施
1998	「京（みやこ）のアジェンダ21フォーラム」設立／「京都市環境影響評価等に関する条例」公布／京都チャレンジエコライフ開催
1999	「京都市環境影響評価等に関する条例」施行／「京都市ダイオキシン類対策推進計画」策定／「京都市低公害車普及モデル事業助成金公布要綱」策定／京都チャレンジエコライフ開催
2000	3事業所（山科区役所，青少年科学センター，東部クリーンセンター）でISO 14001認証取得／「新京都市一般廃棄物（ごみ）処理基本計画」＜京（みやこ）・めぐるプラン＞策定

出典：平成11年度環境局事業概要.

表2 京都市環境保全資金融資制度の概要（99年4月現在）

融資資金名	融資限度額	利率	償還期間	据置期間	償還方法
設備資金	4000万円	年1.5%	10年以内	1年以内	月賦
アスベスト対策資金	4000万円	年1.5%	10年以内	1年以内	月賦
フロンガス対策資金	4000万円	年1.5%	10年以内	1年以内	月賦
移転資金	5000万円	年2.9%	10年以内	1年以内	月賦
低公害自動車購入資金	2000万円	年2.0%	5年以内	1年以内	月賦
太陽エネルギー利用設備資金	4000万円	年1.5%	10年以内	1年以内	月賦

出典：平成11年度環境局事業概要.

らの法規制は，企業にとってその事業活動が及ぼす環境負荷の軽減を要求されるという意味で，一種のハードルと受け取られがちである．しかし，こうした法規制に対応することは，市場におけるシェアを拡大したり，新しい市場への参入，さらに新しい市場の創設といったビジネスチャンスの拡大を意味している．それは，90年代に入って法制や環境政策の対象が変化してきたことに加えて，環境との共生の必要性に対する市民の意識もかなり向上してきたからである．いまや「環境配慮度」は，「価格」や「機能」と並んで，

商品の市場競争力を決定する要因の1つになってきた.《地球にやさしい》といったキャッチフレーズは,商品の内容を吟味される前に消費者の関心を引くという現状がある.その結果,企業にとって環境配慮コストは,強制的な制約要因であるというよりも,他社との差別化を図れる積極的な戦略要因として捉えられるようになってきたのである.たとえば,いちはやくハイブリッド・カーの製造販売に着手したメーカーの業績が上がったことは,環境配慮型製品に対する市場の反応が以前よりもずっと敏感になっていることを示している.

また,今までどおりの生産システムの中で環境規制を強化されれば,そのために新たに発生するコストは企業にとってマイナスと認識されるが,環境配慮行動に経済的なインセンティブを与えるなど,生産や消費の社会システムそのものを環境調和型にすることによって,規制に対応するためのコストが企業の利益につながっていくことになるという側面もある.そのためには,従来は市場の外部に発生していた環境負荷行動の悪影響という社会的コスト(外部不経済)を,市場の内部に取り込んでいくような経済的手法の法規制づくりがますます重要になってくる.課徴金,補助金,優遇税制などに加えて,いわゆるグリーン税制,たとえば大気汚染の少ない自動車燃料には低い税率,汚染度の高い燃料には高い税率を課すようなバッズ課税グッズ減税の課税制度もその一例であろう.

そうした社会経済システムの変換をさらに後押ししていくのは,消費者のグリーン意識の向上とグリーン購入,企業や自治体によるグリーン調達,さらにエコファンドなど資金調達上の有利さなどにみられるような,市場自体の変化である.エコ・ビジネスにとって,1997年12月の「気候変動枠組条約第3回締約国会議」(地球温暖化防止京都会議;以下COP3と略す)の京都における開催が,こうした市場の変化の流れに弾みをつけ,その後の「京都議定書」の実現に向けての議論を喚起した意義は大きい.

1.3 エコ・ビジネスに対する行政の取組み機能

　さて，90年代後半は長引く不況と技術的な頭打ち状態による経済的閉塞感が強まるにつれて，行政がエコ・ビジネスという新しい分野にかける期待は膨らんでいった．たとえば環境関連の国家予算をみてみると，99年度の各省庁の地球環境保全関係予算は総額6433億円で前年度比5.9%の伸び．2000年度の概算要求では，総額7010億円，前年度比9%増になると環境庁は算出している．財政危機が叫ばれるなか，2000年度はとくに政府の「ミレニアムプロジェクト」2500億円の中に，情報通信や科学技術と並んで環境が経済新生特別枠に組み込まれているなど，環境関連予算はかなり巨額に達する見込みである．

　また，環境政策の経済的手法が効きにくいと考えられる公共事業について，その環境影響評価（環境アセスメント）を重視するようになってきた点も行政の取組みの変化のひとつである．

　環境アセスメントとは，大規模な開発事業等の実施に際し，その環境に及ぼす影響について，事前に調査・予測・評価を行い，その結果を公表して，地域住民等の意見を聴き，環境保全に十分配慮を加えることにより，公害を未然に防止し，また，自然環境・文化環境を保全しようとするものである．国においては，1984年8月に国が関与する大規模な事業を対象とした「環境影響評価実施要綱」が定められ，また，京都府においても89年9月から「京都府環境影響評価要綱」を施行している．京都市でも，対象事業や規模等について，地域特性を考慮した「京都市環境影響評価要綱」を93年10月に制定，94年4月から施行している．京都市の要綱の指定事業では，とくに「特定山間地域」「特定地域」として，歴史的風土特別保存地区や自然風景保全地区，国立公園・国定公園や自然公園等の区域，伝統的建造物群，史跡，名勝，天然記念物の区域等に配慮されているのが特徴である．

　さらにその後，地球環境問題等の新たな環境問題への対応，要綱による指導の限界への対応等が迫られたため，国においては，97年6月に「環境影響評価法」を公布（99年11月より施行），京都市も，98年12月に「環境影

響評価等に関する条例」を公布し，国の法律と同時に施行している．

　なお，環境問題に関しては，地方自治体の取組みがとくに重要かつ効果的であると考えられる．事実，公害や環境汚染などの問題は，市民の身近なレベルで問題が発生するため，市民との距離が比較的近い地方自治体が，環境問題に対して国よりも積極的に対応してきた経緯がある．

　たとえば，1956年に公式発見された水俣病を，国が公式見解として認めたのはやっと68年であった．その前年の67年に「公害対策基本法」が制定され，70年は公害国会，そして71年に環境庁が発足する運びとなる．この間に，横浜市は64年には発電所との間で「公害防止協定」を結び，国の法整備を待つことなく，住民の健康と大気汚染防止のための施策を実行したのである．地方自治体は，地域の特性を活かし，地域の実情に合った適切な環境制御が可能であるという点で，国には不可能と思われる重要な役割を担っている．環境保全活動のスローガンのひとつ，[Think Globally, Act Locally]の主旨もここにある．また，地方自治体には，それぞれの地方固有の環境問題に対応しながら地域経済の活性化を図って行く責務があり，各自治体は独自に助成制度を設けたり，環境関連の補助金を支給したり，環境配慮型の町づくりを市民とともに進めるなど，エコ・ビジネスを後押しする環境施策を実施している．

　とくに京都市は，97年12月のCOP3の開催決定を契機として，《環境共生型都市・京都》の推進をめざし，「新京都市環境管理計画」(1996年3月策定)，「京都市環境基本条例」(1997年4月施行)，「京都市地球温暖化対策地域推進計画」(1997年7月策定)，「京（みやこ）のアジェンダ21」(1997年10月策定)，「新京都市一般廃棄物（ごみ）処理基本計画（京（みやこ）・めぐるプラン）」(1999年6月策定)，さらに〈めぐるくんの店〉の認定制度など，さまざまな施策を推進してきた．90年代以降のこれら環境施策の特徴は，行政と事業者と市民の協働し，環境負荷削減に自主的に取り組んでいくという《パートナーシップ》の必要性を明確に打ち出している点にあるといえる．

2. エコ・ビジネスの現状と動向

2.1 エコ・ビジネスとは

エコ・ビジネスとは，環境ニーズに対応した企業活動全般の総称である．

企業が環境を意識し，配慮して行動することを「エコ・ビジネス化」と総称すると，そこには大きく分けて二つの方向がある．まず，環境関連市場への参入や新規市場の創造など，環境保全活動関連のニーズを新しいビジネスチャンスとして捉える動きがある．環境計測装置や公害防止装置などは従来から存在する大きな市場であるが，環境ホルモンなど，環境汚染物質の増加に伴ってますます拡大するであろう．また，生産段階でのリサイクル資源型商品や，消費段階での省エネ型商品も，さまざまな市場で今後需要の増大が見込まれる．もうひとつの方向は，環境に配慮した製品設計や環境経営を，他社との差別化戦略のひとつとして，競争力アップを図ろうとする動きである．ISO 14001 という環境マネジメントシステムの国際規格の認証を積極的に取得して，広報活動でアピールするのはその例である．環境問題に対する関心の高まりや，環境規制の強化などを背景に，「環境配慮度」や「環境効率性」が商品やサービスを提供する上で，また経営戦略上も，重要な要素として注目されるようになってきた．こうして現在，エコ・ビジネスは産業のあらゆる分野で動き始めているのである（表3参照）．

実際の事業内容としては，LCA の観点から既存製品を消費や廃棄の過程で，より環境負荷の少ないものにしていく分野（プルトップ缶，ハイブリッドカーなど），環境保全化の周辺に創造される分野（環境マネジメントシステムの国際規格である ISO 14001 の認証取得を支援するソフト開発やコンサルティングなど），本来はエコ・ビジネスとまったく異なっていた産業で，環境意識の高まりを見込んだ商品開発が発生するビジネス分野（エコファンドなど）等々，新たな製品やサービスの市場が続々と登場している．とくに，1997 年の COP 3 で合意された「京都議定書」によって国別の温室効果ガス

表3 エコ・ビジネスの分類

1. 技術系環境ビジネス

①公害防止装置・技術	大気汚染測定・防止
	水質汚濁測定・防止
	土壌汚染計測装置
	合併処理浄化槽
	原油流出対策
②廃棄物処理及びリサイクル	適正処理
	廃棄物分別・粉砕・焼却場
	中間処理施設及び最終処分場
	有害廃棄物処理
	リサイクル
	建設廃棄物
	木質系廃棄物
	空き瓶・廃ガラス
	古紙
	廃プラスチック（マテリアルリサイクル・サーマルリサイクル）
	空き缶（スチール缶・アルミ缶）
	汚泥・し尿
	コンポスト
	固形燃料化（RDF）
③エコ・マテリアル	生分解性樹脂
	生分解性潤滑油
	非木材紙
	非スズ系船底塗料
	植物性インク
④クリーン・エネルギー	再生可能エネルギー
	小型水力発電装置
	風力発電装置
	波力発電装置
	地熱発電装置
	太陽熱利用・太陽光発電
	水素吸蔵合金
	燃料電池
	省エネ省資源&低公害エネルギー
	低公害車
	コージェネレーションシステム
	ヒートポンプ
	廃熱・未利用エネルギー活用システム

		節電装置
⑤環境調和型施設	環境共生・省エネ住宅	
		屋上・壁面緑化
		中水道・雨水利用
⑥エコシステム修復ビジネス	緑化・植林事業	
		ビオトープ
		多自然型河川修復
		人工なぎさ
		土壌・地下水汚染浄化
		土壌改良
		里山の回復

2. ソフト系環境システム

①環境コンサルティング	環境マネジメントシステム構築支援 (ISO 14000 s 認証取得支援含む)
	省エネ推進
	エコホテル推進
	環境装置リース
	環境グッズ開発
	環境ビジネス創出支援
	排出権取引制度
②環境影響評価	環境アセスメント
	環境調査・分析
③情報関連	環境情報システム
	環境教育および人材派遣
	環境関連情報出版
	エコツーリズム
	環境広告
④金融	エコバンク
	エコファンド
	環境関連預金
	環境カード
	環境汚染賠償責任保険
⑤流通	エコショップ
	リサイクル交換所
⑥物流	廃棄物運搬

出典:「地球環境ビジネス 2000-2001」より一部改編

排出量の削減目標が決まってから,産業界では環境対策が加速しており,エコ・ビジネスは自ら新しい市場を開拓する成長産業として注目を浴びている.

2.2 エコ・ビジネス市場の動向

1994年の通産省「産業構造審議会地球環境部会」の予測によれば,国内のエコ・ビジネスの市場規模は約15兆円であり,その後年率6%の伸び率で推移すると,2000年には約23兆円,さらにその後2010年まで年率4%の伸び率とすると約35兆円になるとされた.しかし,94年時点から現在までにISO規格の登場やCOP3の開催などが追い風となって,市場の認識が環境配慮型に変容してきたことや,発展途上国など,今後工業化を推進する地域への海外への技術移転が進むことを考えると,市場規模はこの予測よりもかなりふくらみそうである.

このような環境関連分野は,1996年に発表された通産省「経済構造の変革と創造のためのプログラム」における新規・成長15分野のひとつで,2010年の市場規模は37兆円と見込まれている.さらに,「都市環境整備開発分野」や「新エネルギー・省エネルギー関連分野」なども含めるとじつに60兆円規模となり,この市場に対する期待の大きさがうかがえる.

たとえば,技術系環境ビジネスに含まれている公害防止・環境装置(大気汚染防止装置・水質汚濁防止装置・ごみ処理装置・騒音振動防止装置の4種類)の生産実績に限ってみても,80年には6551億円,90年には7850億円だったものが,92年に1兆1245億円,95年には1兆6226億円と,近年かなりのハイペースで増加している.今後は国内需要に加えて,経済発展による環境汚染の深刻化が懸念されるアジア諸国などに対する輸出の伸びが見込まれる.また,建設業界における市場規模予測でも,建設業界における環境ビジネスの市場規模は,2010年には29兆円超と,現状(約5兆4000億円)の5倍以上に拡大するとみている.

一方,市場規模からみると技術系環境ビジネスに比べてまだまだ市場規模が小さいソフト系環境ビジネスの分野も,まだ未発達なだけに,今後大きく

飛躍することが期待されている．とくに，ISOの環境規格の認証取得の周辺で，急速にエコ・ビジネスの市場が創出されている．また，欧米など環境保全意識の高い諸国との経済活動の際に，自社の製品や経営システムをチェックするような，環境コンサルティング業務も重要になってきた．さらに，新しい法規制への対応支援，環境アセスメント業務，環境教育や情報提供サービス，企業の環境格付け業務など，ソフト系環境ビジネスの市場は新しい需要を開拓しながら，ますます拡大していくと期待されている．

2.3 企業の環境意識の変化

1967年の「公害対策基本法」から93年の「環境基本法」への流れにはっきりと示されているのは，環境問題に対する企業の意識変革が迫られてきているということである．企業は自らの経済活動の結果，直接排出される有害物質の量を，法的規制の基準値以内におさめ，公害などの環境汚染をなるべく少なくすればよい，というのが従来の消極的受動的な取組み姿勢であった．しかし，そのような環境対応だけではもはや社会的に生き残ることができない．メーカーの場合，生産過程における環境への影響を考えただけでは不充分であり，企業活動のあらゆる過程で生じる環境負荷をなるべく少なくしよう，さらに，企業活動を通じて環境保全改善に役立とう，という自主的積極的能動的な経営姿勢が求められている．環境規制は，経営活動のブレーキではなく，むしろ新たなビジネスチャンスの苗床ととらえることが優位性につながるようになった．環境保全に役立つような商品の開発・販売を進め，先進的な環境技術の開発に成功した企業が業界のイニシアティブを握る．製品はその設計段階から環境への配慮が求められる．また製品だけでなく，企業活動そのものを環境配慮型にする環境マネジメントシステムを進める動きも広まっている．環境報告書を発表したり，環境対策費の効果を収支として表す環境会計を導入することは，企業イメージのアップばかりでなく，エコファンドを通じて資金調達を容易にするというメリットもある．いまや，企業にとっての環境保全コストは，「仕方なく払うもの」「なるべく少なく押さえ

るべきもの」から，「新しい方面を他社より早く発見して，積極的に取り組むもの」，「うまくたくさん使うことにより多大な効果が期待されるもの」に変化してきている．

96年に環境庁国立環境研究所が行った「地球環境問題をめぐる企業意識と行動が企業戦略に及ぼす影響（2,093社回答）」では，63.8%の企業が「経済成長を多少犠牲にしても今のうちに環境問題に対応すべきである」と答えている．しかし，実際の取組みとしては，「オフィス部門で省エネ・省資源・リサイクルに取組む」が46.1%，「本業の範囲内で生じる環境問題に取組む」が43.1%であった．その中では上場大企業の取組みが積極的で，輸出先に欧米企業を含む場合はとくに，ISO 14001などの国際的な認証取得に積極的に取組んでいた．また，電気ガス・建設業・製造業などの業種では，自社の経済活動と環境問題の関係を自覚し，社会貢献活動も積極的に行っている企業が多かった．しかし，「自社の事業活動が環境問題を起こさないので何もしていない」という企業が20%あり，環境への配慮がコストダウンにつながるオフィス部門でさえ，配慮していない現状が示された．こうした消極的な企業は，卸売業・不動産・金融業などに多かった．これは，消費者とのコミュニケーションが比較的少ないために，消費者の意識の変化を感じにくい業種であるためだった，と考えられる．ただし，この調査から5年近く経過した現在では，証券会社がエコファンドを発行したり，開発業者が環境共生住宅で差別化を図るなど，従来は環境配慮に消極的であった金融やサービス等の業種にも，意識の変化がみえてきている．

この傾向を後押ししているのが，グリーン調達やグリーン購入の浸透という市場の認識の変化である．市場の意識変革が企業行動のグリーン化を促進していく段階に入ってきたといえよう．

2.4 企業経営のエコ・ビジネス化

21世紀を前に，今までの大量生産大量消費型経済システムは生活の利便性や一国の経済の拡大といったプラス面ばかりでなく，公害問題の多発に代

表されるように，環境に対して負荷を与える活動として捉えられるようになってきた．すなわち，経済成長が環境破壊という社会的コストを伴うことが認識されるにつれて，企業活動の社会的責任が問われるようになってきた．社会的認識も経済的取引の場である市場の認識も，環境負荷をコストと考え，その対応がビジネスの対象としての価値をもつようになってきたのである．

環境庁が1995年度に行った「環境にやさしい企業調査」によると，回答のあった上場企業の20%が事業展開や研究開発に着手，70%が市場拡大を予測している．また，環境関連の商品やサービスを提供している企業のうち，40%強が前年度比売上高を増加させている．さらに1996年度の調査では，上場企業の32.5%が事業展開やサービス・商品の提供を行っており，研究開発段階の企業も含めた割合は44%にのぼった．

さて，環境庁の「平成11年度環境白書」によれば，企業の環境活動への取組み姿勢は次の4つに類型化される．すなわち，

①規制対応型：さまざまな法規制や関係者等の要望を受け，受動的な形で環境保全に関する取組みを行うもの．

②予防的対応型：環境対策を事業活動のリスク対応として認識し，事業者内部の環境管理体制の整備を行い，予防的な取組みを行うもの．

③機会追求型：環境保全を事業者の経営戦略またはビジネスチャンスと捉え，エコビジネスを展開したり，より環境負荷の少ない製品の製造の展開を図っていくもの．

④持続発展型：環境保全は企業の社会的責任でありかつ，持続可能な企業経営のために不可欠なことであると捉え，事業活動全体における環境負荷の削減を図っていくもの．

これらのうち，①と②については，従来から公害対策のかたちで多くの企業によって取組みがなされてきたが，今後は③や④の取組みが重要になってくると考えられる．環境意識や消費者主権の意識の高まりを背景にして，環境関連産業分野はどんどん裾野を広げている．行政も資源循環型社会システム作りをめざし，環境関連施策を推進し，それが企業経営のエコ・ビジネス

の拡大の追い風となっている.

さらに,企業経営を行っていく上で環境に与える負荷をできる限り減らすように配慮したマネジメントシステムに対して認証が与えられる国際規格,ISO 14001が,経営システムのグリーン化のツールとして急速に普及している影響も大きい.ISO規格は,その認証取得が対外的なアピールになること,自社事業所の省エネ・コストダウンを実現できること,さらにこの取得が取引条件とされる場合にはまさに事業活動に不可欠な取組みとなること,などのメリットが考えられる.

1999年10月末現在,日本全国の認証取得数は2641件で,世界一である.そのうち京都府下の認証取得数は51件.大企業の取得は急速に進んでいるが,今後,中小企業への環境マネジメントの浸透が課題となる.京都府・京都市ともに,中小企業も取得しやすいかたちの「京都・環境マネジメントシステム・スタンダード」(ISO 14001の京都版)を作ることで,環境マネジメントの普及を図る計画がある.また,地場中小産業のISO取得を支援したり,取得維持のためのセミナーを開くなど,地元の環境先進産業やコンサルティング会社にとっての新しいビジネスチャンスも生まれている.実際にISO 14001認証取得数は急増しつづけており,2000年3月末には3548件となっている.

なお,京都府下の公共体としてISO 14001(環境マネジメントシステムの国際規格)を取得しているのは,99年末現在で,京都府庁,京都市青少年科学センター,京都市東部クリーンセンター,山科区役所,園部町の5団体であるが,市民の関心が高まるにつれて,今後も増加していくものと考えられる.

3. 京都におけるエコ・ビジネス

エコ・ビジネスにとって,地域密着型の事業展開は成功のかぎである.なぜならば,環境問題は発生メカニズムも被害や影響も,地域社会の生活に密

着しているからである．企業がその地域のニーズを読み取り，地域での産官学連携による技術開発を進め，地域特性に添った形の事業展開を通じて，その地域の環境保全や活性化に貢献していくことがエコ・ビジネスの理想的な発展シナリオである．その際に，市民や行政といった地域メンバーの環境共生意識が高いほど，エコ・ビジネスが発展する土壌は培われているといえよう．なぜならば，ニーズの高さや連携の容易さなどによって，環境配慮型事業展開がよりスムーズに進むからである．では京都は，エコ・ビジネスにとって，どのような地方特性を有すると考えられるであろうか．

3.1 京都の経営風土

京都府南部に位置する京都市は，平安遷都より明治維新までの1000年以上の間，王城の地として栄え，豊かな文化を培ってきた．こうした歴史的背景は，独特の企業風土をはぐくみ，現在でも京都ブランドと呼ばれる伝統産業や，建築・美術・工芸などの芸術的遺産に受け継がれて，国際観光文化都市としての京都の性格を特色付けている．また，各時代のまちづくりの集積の結果，市内の社寺等14ヵ所が「世界の文化遺産及び自然遺産の保護に関する条約」に基づく文化遺産として登録されるなど，その独特の都市景観は，企業も含めた市民の環境保全意識に重要な影響を与えていると考えられる．

京都の産業の特色は，伝統産業と近代産業が主要産業として共存している点にある．西陣織や清水焼等の伝統工芸品や，伏見の清酒等の伝統産業が脈々と受け継がれている一方で，これら伝統産業や歴史文化にはぐくまれて開花した機械染織のほかに，セラミック，精密機械，電子部品といった高度技術に支えられた産業も発展してきたのである．もうひとつの特色として，老舗のオーナー企業が多いことや，中小規模ながら高度技術によって世界に販路を拡大した多数の企業の存在が指摘される．こうした京都の企業風土が，エコビジネスの台頭に追い風となっている面は大きい．たとえば，伏見を発祥の地とする宝酒造は，総合酒類メーカーとして業績を拡大し，発酵技術を応用したバイオ事業の環境分野への展開と同時に，環境報告書や環境会計を

先駆的に実施している企業として，全国的に有名になっている（後述）．

また，明治政府が東京遷都に伴う京都の地盤沈下を避けるために水力発電や理化学研究等の諸事業に対する産業振興策を実施した結果，繊維産業を中心とする従来型産業とともに，電気機械・精密機械・化学等の新たな工業が近代産業の基礎となった．これが今日の京都ハイテク産業の原点であり，このことは，創業120年の歴史をもつ島津製作所の創業者の精神が「技術立国」だったことにも現れている．現在，同社は「人と地球の健康への願いを実現する」ことを経営理念に掲げ，環境関連機器メーカーとしての事業活動と並んで，環境保全にも力を入れている（後述）．このほかにも，堀場製作所，イシダ，モリタ製作所など，計量機器や測定器，医療用機器等に強みを持つ企業が多かったことから，京都では技術系環境ビジネスの分野への進出がスムーズに行われる土壌が培われていたといえる．

このように，京都は長い歴史の中で，伝統産業から先端産業にいたるまでの多様かつ高度な技術に支えられ，高い品質を誇るものづくりの伝統を育んできたのである．しかし同時に，小売・卸売業やサービス業などの第3次産業の割合が大きいのも京都の特徴である．ことに近年，製造業を中心とした伝統産業が不況の影響から深刻な打撃を受けて頭打ちになっていることもあって，経済の第3次産業化のスピードが加速している．

第3次産業の中でも，観光都市としての性格上，旅館・ホテルをはじめとするサービス業が集積しているほか，学生の町として有名な京都としては，産学協力のバックアップを得やすいこと等の特徴を生かして，ソフト系環境ビジネスに活路を見出す動きもある．修学旅行生を対象としたエコツーリズムの企画や，情報系の学生ベンチャー支援などはその一例である．

3.2 エコ・ビジネスの土壌

しかしながら京都経済全体を見ると，最近の経済成長率の急速な低下が，とくに第1次第2次産業で顕著である．第2次産業では，京友禅，西陣織物など，分業体制をとる和装製品の染織関連の零細企業が多いため，繊維のウ

エイトが高いほか，電気機械や一般機器などの加工組立産業のウエイトも高いが，市内製造業の事業所数は減少が続いている．とくに，西陣織などを中心とした繊維産業は，平成10年までの10年間で40.7%減るなど，大幅な落ち込みを記録している．また，第3次産業を支えてきたと思われる和装卸売業界も，和装産地の衰退を受けて活気がなくなり，かわりに，大店法緩和を背景にした大型小売店の出店やコンビニの進出が加速するなど，卸・小売業を中心に競争が激化している．つまり，京都の産業構造は，第3次産業への一層の傾斜と新しい産業分野の台頭というかたちで，急速な構造調整が進みつつあるといえる．この点も，京都に環境ビジネスという新しい産業分野への関心が高まっている背景と考えられる．

また，京都の都市部人口は，市内の用地取得難，さらに道路をはじめとするインフラの未整備などの理由により，ここ数年来，工場や大学キャンパス等が滋賀県などの近隣地域に流出しており，昭和60年をピークにして減少傾向が続いている．そこで，従来の製造業に代わって，とくに情報・コンサルティング分野や環境技術の研究開発分野でのビジネスチャンスが期待されよう．

さて，京都には，戦中戦後に多くの企業が生まれ，ワコールや村田製作所など，その一部は大きく成長を遂げた．これは歴史都市京都の，新しいものへの寛容さの表れとも考えられる．たとえば，水力発電所，市電敷設，映画上映，中央卸売市場，自治体直営オーケストラ，国立国際会議場など，京都が「日本で初めて」の場所だった例は多い．一般的に，保守的なイメージの強い京都ではあるが，じつは新しいものを拒まずリスクを恐れない進取の気風があり，今後環境関連分野の開拓やベンチャー企業の進出がしやすいと考えられる所以である．

実際に京都市は，「ベンチャー企業目利き委員会」を設立して，全国から事業プランを公募し，起業を支援することによって経済活性化の原動力とするという事業を行っている．なお，97年10月の第1回以来，99年11月までに7回認定が行われたが，「事業成立可能性大」とされたAランク認定事

業全17社のうち，半数以上の9社は，事業内容そのものが直接環境関連と思われる企業であった．この目利き委員会の評価ポイントは，製造業の場合は保有技術の〈競争力〉〈優位性〉〈信頼性〉〈市場規模・成長率〉など，非製造業の場合はアイデアの〈新規性〉〈実現可能性〉〈市場規模・成長率〉などとなっており，べつに〈環境配慮性〉は評価ポイントに挙げられていないことを考慮するならば，エコ・ビジネスがいかにベンチャー企業の有望分野であるかを示しているといえよう．

また，環境NGOの活動が活発なこと，環境関連研究の人材が豊富なこと，産官学の交流が盛んなことも，京都の特徴である．これはエコ・ビジネスにとって豊かな人材が期待でき，地域社会の理解も得やすい土地柄であると考えられる．

さらに，COP3の開催などを契機として，「環境共生都市」をスローガンに掲げ，行政が企業や市民とのパートナーシップを積極的に進めようとしていることも，京都の経営環境の特徴といえよう．

3.3 COP3以降の行政の動向

京都におけるエコ・ビジネスの動向を考える際に特記すべきは，1997年に「国際環境文化都市会議」，「気候変動枠組条約第3回締約国会議(COP3)」と，環境に関する大きな世界会議が相次いで開催されたことである．とくに12月に開催されたCOP3では，そこで採択された合意が「京都議定書」という名を冠した国際条約となり，ここに「環境共生都市・京都」のスローガンは世界的なイメージとして広がることになった．

このCOP3開催に先立って，京都市は1996年3月に「新京都市環境管理計画」を策定し，環境作りの基本原則として，「市政における環境政策の優先性」とともに，「市，事業者，市民の参加と協働」を明確に打ち出している．そして環境への配慮指針の中の「各主体ごとの環境配慮」では，企業の経営活動に対して，「事業者は，事業活動に伴って及ぼす環境への影響を認識し，その負荷を低減するよう努めるとともに，事業活動における消費活動

でも消費者として環境配慮に取り組む．また，それぞれの社会的立場により環境保全に貢献するよう努める」ことを求めている．

そこでは，事業者の行動における環境配慮の具体的内容として，以下の項目が挙げられている．

　ア　環境学習の推進
　　・自らの事業活動によって生じうる環境影響について認識するとともに，環境負荷を低減するための方策を得るために，環境学習を積極的に推進する．
　　・従業員が，事業活動のあらゆる場面において環境への配慮を徹底できるように，環境学習を推進する．
　イ　事業活動における環境配慮
　　・事業の実施に当たっては，「事業計画における環境への配慮」に記載された内容に配慮する．
　　・事業活動によって生じる環境影響を点検，把握し，行動指針の策定や環境監査の実施などを積極的に進める．
　　・環境に配慮した製品の開発や製造工程の見直しなど，事業活動に伴う環境への負荷の低減に努める．
　　・日常の業務においても，省資源・省エネルギー，及びリサイクルなどの身近な取組の実践を推進する．
　ウ　環境保全活動への参加
　　・事業活動によって生じる環境影響を低減するための方策等の積極的な公開及び情報交換を通じて，広く意識の向上を図るとともに，事業者または業界として環境保全活動を推進する．
　　・地域で行われる環境保全の取組に積極的に参加，協力する．
　　・従業員の環境保全活動への参加を推進し，支援する．

また京都市は，地球温暖化対策としてCOP 3開催の1997年に次の3計画

を策定し，その推進に取組んでいる．

[1]「京都市役所エコオフィスプラン（5月）」

市内有数の大事業者，大消費者である市役所が，環境負荷の少ない取組みを率先して推進するため，冷暖房の温度設定やコピー用紙使用量の削減など，身近で具体的な取組みを定めている．

[2]「京都市地球温暖化対策地域推進計画（7月）」

地球温暖化対策を総合的かつ体系的に進めるため，「市域における二酸化炭素排出量を2010年までに1990年レベルから10％削減する」ことを目標に掲げ，その達成に向けた取組みを進めている．

この中で産業部門に対しては，①管理責任者の選定や管理目標値の設定など管理体制の整備，②合理的な生産プロセスや設備の適正整備などによる節約推進，③省エネルギーに配慮した製品の購入と自然エネルギーの有効活用，④廃棄物の減量化とリサイクルや分別収集の推進，⑤物流の合理化，⑥環境にやさしい製品・サービスの提供や環境配慮の事業活動の公表，などの具体的対策を求めている．また業務系事務所に対しても，同様の具体的対策のほかに，冷暖房温度の適正化やこまめな電源カットによる節約，熱線反射フィルムやプルスイッチ設置，などの，事務所での省エネルギーの推進が求められている．

[3]「京（みやこ）のアジェンダ21（10月）」

92年の地球サミットで合意された「アジェンダ21」のローカル版として，環境と共生する循環型社会づくりを目指し，市民，事業者，行政が環境保全に向けた具体的な行動を進めるための行動計画・行動指針を示している．すなわち，環境にやさしい生活の指針，事業活動における省エネルギー・省資源の指針，行政が進める事業や計画策定の指針などを考える時の課題と方向性が具体的な取組みの列挙のかたちで示されているのである．その後，市民，事業者，行政が自らの役割を果たすだけでなく，互いに特徴を生かしあって共通のゴールを目指すパートナーシップの構築が必要であるとの観点から，98年11月には，「京（みやこ）のアジェンダ21フォーラム」が設立された．

第6章　環境政策の潮流とエコ・ビジネスの動向　　143

これは，市民，事業者，行政が連携しながらローカルアジェンダで示された行動計画への具体的な取組みを推進していくための組織であり，会員間の交流や情報交換を行いながら，ワーキンググループを通じて具体的に活動を行っている．さらに，定期的に CO_2 の排出量などの評価指標について，各主体における取組みや目標達成状況など計画全体の進捗状況を公表することになっている．

3.4　京都のエコ・ビジネス事例紹介
(1) 島津製作所

創業125年の精密機械メーカーの老舗．創業者精神を「科学技術で社会に貢献する」社是で継承し，分析機器や計測機器，医用機器，航空・産業機器の三本柱を中心に事業を展開してきた．さらに92年に新経営理念として「人と地球の健康への願いを実現する」ことを掲げて，環境ビジネスの強化発展を推進している．まず事業活動において，光技術を応用した地球環境計測分野の製品開発，CO_2，SO_2，NO_2 などの大気汚染物質や TOC（水質汚濁指標）のオンライン測定装置の発売，ゴミ焼却炉の燃焼管理用 CO/O_2 連続測定装置の発売など，環境関連製品の提供を通じて地球環境保全に貢献している．また，98年には環境ホルモン分析情報センターを設置し，環境ホルモンに関する相談に応じたり，システム構築を支援するなど，ユーザーサポートにも力を入れている．さらに，従来は単体で発売してきた分析機器をコンピュータでネットワーク化し，総合的な環境システムとして提供する SI（システムインテグレーション）事業を開始している．これは，あらゆる要素が複雑に絡み合っている地球環境問題を取り扱う際に，プロセス全体を通じたより総合的な保全システムが求められることへの対応である．

今後の見通しとしては，まず CO_2 固定化技術の実用化が挙げられる．RITE（地球環境産業技術研究機構・京都府木津町）と共同で98年に開発した，食品などの有機廃棄物から生じる CO_2 を炭素に固定化する技術を使い，従来の約10分の1の運転コストで，10トンの廃棄物から約5トンの炭

素を作るというもの．同社のけいはんな基盤技術研究所（京都府精華町）に実験装置を設置し，2001年度の実用化を目指している．また，太陽電池製造装置事業の強化も表明するなど，新装置の開発や製造プロセスに関する提案までも含めて，新しい環境ビジネス市場の創造や参入を積極的に展開していく姿勢を明確に打ち出している．

同社はこのような環境関連製品を開発・提供していくビジネス面での展開とともに，事業活動全般に関わる環境保全にも力を入れており，94年には「地球環境行動指針」を策定，早くも97年には本社工場がISO 14001の認証を取得している．また，国連大学などの環境関連プロジェクトの支援も積極的に行っている．

さらに，同社の環境管理室が対外広報的な役割にとどまらず，地球環境の保全と調和に向けた環境経営の展開を実効あるものとするべく，社内外でさまざまな活動を行っていることも注目に値する．たとえば企業の環境保全行動の費用効果について，法的対応や環境リスク回避のための環境投資は，費用は大きいが収益はないのに対して，事務所の節電やごみの分別，両面コピーの推進といったような全員参加環境保全活動の場合は費用は小さいが収益は大きく，ISO 14001認証取得や環境報告書の作成公表などは，費用は大きいがイメージアップ効果も大きい，といったような細かい分析と考察の下に，事業活動と経営活動の両面でのエコ・ビジネス化を有効に進めようとしている．また，中小企業の環境ビジネス化についても，相手企業にとって現実的で無理のないアドバイスを行って地球環境保全を進めていくという観点で，先輩企業として支援する姿勢を貫いている．

(2) 堀場製作所

分析用機器のトップメーカーである堀場製作所は，国内phメーター市場で60％のシェアを占めるほか，自動車排気ガス測定装置では，ホリバグループの製品が世界市場の80％のシェアを有する．近年，環境関連の測定装置に事業活動を注力しており，大気汚染モニターや水質汚濁測定装置などの

製品群で充実を図っている．その結果，全製品の6割，売上高の70％が環境関連製品という事業内容になっている．

これらの分析測定機器の市場は，排ガス規制の強化や，ディーゼルエンジンからの排出粒子状物質規制など，新たな環境規制への対応が必要になり，燃料電池開発を進める現場での計測装置の需要が増えるなど，今後も拡大が見込まれる．さらに，完成車の走行シミュレーションを可能とするエンジンダイナモや，顧客に納品した測定機器を専用回線を使って常時監視できるリモートメンテナンスなど，製品単体ではなくサービスを継続的に提供する形態に転換することで，排ガス測定の次世代の事業展開・市場開拓の戦略も練っている．

エンジン排ガス計測機器以外にも，ダイオキシン発生の間接監視装置や，GPS機能内蔵による正確な位置測定と水中3次元モニタリングを実現した水質モニタリングシステムの製品化，アタッシュケース収納型の大気汚染物質測定装置の開発など，地球環境データをなるべく簡単に継続的に収集できる製品の市場を開拓している．

地球の自然環境の状態を正しく知ることから環境保全が始まるとして，その現状認識に不可欠な分析・測定機器を扱う同社は，自社経営の環境対策にも積極的に取り組んでいる．その結果，97年6月に，環境マネジメントシステム規格ISO 14001の認証を早ばやと取得し，すでに93年に取得していた品質システム規格ISO 9000と融合させた独自の複合管理体制を確立した．さらに，グループ会社のほとんどが2000年度中にISO 9000の取得完了をめざし，生産担当のグループ会社ではISO 14001についても取得を進めているなど，ISOという国際規格を通じて，世界に広がるグループ会社間の情報やマネジメントシステムの共有化を図っている．ISO取得は，環境問題に対する社員の意識向上にも役立ち，工場から発生する廃棄物の削減やリサイクルの徹底（廃棄ダンボールの梱包用緩衝材への社内リサイクル率40％超），省電力製品（24機種で平均3分の1の消費電力削減）の開発などの実績が上がっている．

一方，インターネットで膨大な情報にアクセスできる「HORIBA ON-LINE」を運営し，企業情報だけでなく，地球・ひと・情報を結びつける総合的地球環境モニタリングサイト「GAIAPRESS」や酸性雨のデータ収集と情報公開ネットワーク「HONEST」等を通じて，一般への啓蒙活動を行っているほか，パラグアイやジンバブエなど，発展途上国の環境改善に向けた技術協力活動も展開している．

(3) ロンフォード

家庭や事業所から出る使用済み食用油は，従来その多くが捨てられ，焼却されていたが，環境ベンチャー企業ロンフォードは，これを軽油に替わるディーゼルエンジン車の燃料として再資源化する事業に京都市とともに取り組んでいる．「E-OIL」と名づけられたこの軽油代替燃料は，市内3ヵ所のクリーンセンターに専用の給油スタンドも設置されて，現在京都市清掃局のすべてのごみ収集車220台と，市バス3台に導入されている．

E-OILは，硫黄酸化物SOxをほとんど排出せず，黒煙は軽油の3分の1以下，CO_2排出量も約1割少ない．引火点が140度と高いために管理上も安全で，現状のディーゼルエンジンを改良することなく使用できる．つまり，使用時の環境負荷が軽減される．

また，原料となる廃食用油は日本で年間約40万トン排出されているが，とくに家庭から出るものはほとんど回収されず廃棄されて，環境を悪化させていた．従来，家庭で出た廃食用油は，凝固剤などで固めて捨てられ，焼却処分されるか，埋められるか，あるいはそのまま流されるか，のいずれかであった．焼却はCO_2を発生し，高温となって焼却炉を傷めると言われている．埋められれば土壌や地下水を汚染してしまう．そのまま流せば，深刻な水質汚濁の原因となる．このように，回収しなければ環境に多大な悪影響を与える廃食用油のクリーン燃料への再資源化は，環境負荷の軽減におおきく役立つ．しかもリサイクル効率は高く，廃食用油100リットルにつき約90リットルの燃料を製造できる．再生のためのランニングコストは軽油の価格

とほぼ同じ約80円である．

さらに，軽油などの化石燃料は貴重な有限資源であるから，代替燃料化は資源の節約にも役立つ．つまりこの事業は，廃棄物であった廃食用油を効率よく再利用するという循環型システムの構築という側面をもつ．

しかし，このシステムを構築する際のネックは回収ルートの確保と原料の安定供給が困難なことである．大手事務所系はすでに別のリサイクルルートに乗っているので，家庭からの廃食用油の回収という，もっとも難しい課題に取り組まねばならない．そこで，京都市ではいくつかの地区でモデル的に月1回の回収を開始したが，その動きは他地区にも次々と広がり，回収拠点が増加していった．99年末の時点で回収拠点は京都市全区にわたる505ヵ所にのぼり，市役所やまち美化事務所等には新たに常設型の回収容器が常設されている．しかしこれでもごみ収集車220台分の消費燃料の6％にしかならない．そこで京都市では回収拠点を，2000年度には1000ヵ所，2001年度には2000ヵ所（約300世帯に1ヵ所の割合）に増やして，家庭から47万リットルの廃食用油回収を目指す．これに，中小事業所から条件付で無料回収する分を加えて，年間約130万リットルの廃食用油を集める予定である．

この事業は市民と企業と行政のパートナーシップによる資源循環システムの試みとして注目され，98年には新エネルギー財団「21世紀型新エネルギー機器等表彰（新エネ大賞）」の「資源エネルギー庁長官賞」を京都市が受賞している．

(4) 三　　　幸

和菓子の伝統が息づく京都の土産物菓子の箱屋として1967年にスタートした包装資材メーカーの三幸は，パッケージデザインの企画制作から印刷までという従来の業務内容から視野を広げ，世に出ていない素材を開発して環境問題に役立つことを目指して，紙素材の開発と環境対応型の包装資材の商品化に積極的に取組んでいる．具体的には含浸加工という新技術で紙の素材そのものにフッ素樹脂を染み込ませることにより，耐水性や保冷性に優れた

段ボールを開発し，木箱や発泡スチロールに替わる環境対応パッケージで市場シェアを伸ばしている．この素材は，古紙として通常の段ボール再生方法でリサイクルでき，燃やしても無毒無臭で，土に埋めれば天然に還るうえ，印刷しにくい，水に弱いなどの従来品の弱点を改良している．また，水分に強い低価格の加工紙を開発し，選挙用ポスター，包装紙，手提げ袋などとして加工販売を行っている．毎年のように実施される全国各地の選挙で使われる膨大な量のポスターを，焼却せずにリサイクルすればかなり環境負荷が軽減できる．さらに，プラスチック製品に替わる，紙の「感染性医療廃棄物処理容器」や，農業用ビニールシートに替わる，焼却やリサイクルが可能で土に還る特性をもつ「農業用マルチペーパー」を開発したり，牛乳パックを再利用して木箱同様の強度をもった棚板や屋外立て看板に製品化するなど，環境対応型の商品開発を積極的に展開している．

このような機能性紙素材の技術やアイデアにより，99年7月には，京都市ベンチャー企業目利き委員会から「Aランク」認定を受けた．

さらに，同社がメンバーとなっている「京都府グリーンベンチャー研究会」では，2000年4月から環境マネジメントシステムの国際規格ISO 14001の認証の一括取得を推進することになった．そこで同社も，他の会員企業数社と共同で，会員のコンサルタント会社の参加や助言を受けながら，低コストでの認証取得を目指す．取得に必要な条件のうち，環境対策の方針やマニュアル文書を共通化し，企業活動が環境に与える影響については，企業ごとに評価した後で全体をまとめるという方法により，通常200万～300万円といわれる中小企業の認証取得コストを半減できる見込みである．今後自治体や大企業が調達先企業に環境配慮を求めていくにつれて，このような，商工団体などとしてのISO 14001認証取得の取組みが，中小企業の間に広まっていくことも考えられる．

(5) 宝酒造

従来から行ってきた自然保護活動を通じて自然と共生する企業活動の重要

性を感じた宝酒造は，創立60周年の1985年に，「自然との調和を大切に，発酵技術を通じて人間の健康的な暮らしと生き生きとした社会づくりに貢献します」という企業理念を制定し，地球環境維持と両立する企業発展のあり方を求めて，環境活動を推進している．

同社は，根本的に地球環境に負荷を与える行為として自らの生産活動を捉え，生産活動に伴う地球環境への負荷の削減と，利益還元として自然保護活動等の社会貢献を，企業活動に伴う責務と捉えている．98年9月には，企業活動の自然環境に与える影響を，「負荷＝赤字」と「負荷削減＋貢献＝緑字」の視点から計算した「緑字決算報告書」を発表．社会に毎年公表していくことで，社会的注目を環境活動継続のインセンティブとしている．他社の環境会計とやや異なるのは，環境投資をたんに「費用対効果」として捉えるのではなく，11種類の環境負荷（総量）データごとに，97年度実績（基準年）と比較して改善率を算出し，今年よりも来年というように常に効果をあげていくことを目指している点である．社内外の専門家担当者による議論を経て11項目の重み付けを行ったり，具体的な環境対策の状況をわかりやすく記述するなど，対外的な視点を重視しているのも特徴のひとつである．地球環境に対する企業活動の影響という赤字をいかに減少させたか，その努力の成果を「緑字」としてとらえ，「環境負荷削減緑字」と「社会貢献緑字」の2指標を算出し自社の環境経営の指標にするという，同社の環境会計の取組みは大いに関心を集めている．

企業活動プロセスを通じた環境負荷削減は，同社の取扱商品や販売形態の変化にも現れている．

たとえば，使用済みガラス瓶の余剰カレット（破砕屑）の瓶以外の用途利用として，タイルや軽量骨材の製造・販売を行う「クリスタルクレイ」社への出資と製品購入も，容器リサイクルを通じた地球温暖化対策の一環である．

さらに，バイオ技術を生かした環境ビジネス分野への進出も行われている．ホルモン攪乱作用があると考えられる化学物質が，ホルモンレセプターと反応するかどうかを測定する「環境ホルモンレセプター結合測定システム」は，

従来の測定法と異なって放射性物質を使わずに簡単な操作で環境ホルモンの測定を可能にした．また，遺伝子組換え農作物の使用の有無を高精度で効率的に行う技術を開発し，分析業務を受託している．

流通販売の点では，とくに容器のリサイクルに力を入れている．焼酎の720ml瓶のリターナブル化推進は，従来の1升瓶のリターナブルシステムの維持拡大とともに，循環経済システムをメーカーと流通と消費者が協力して広げることによる環境への貢献を図るものである．また，2.7リットルのエコペット（リサイクルの障害となっていた取っ手を削除し窪みをつけた容器）の採用，紙パックのアルミ蒸着化，みりんパックのラベルの紙巻化などは，リサイクルの効率化とコストダウンを同時に実現させて，環境の視点でコストを見直す作業の重要性を実証した．また，一部酒販店で試験販売を開始した焼酎の量り売りは，順調に拡大し，全国展開にいたっている．工場詰のコンテナを店頭に直送し，店舗では一切廃棄物が発生しないこのシステムは，資源の節約やごみの削減だけでなく，販売現場での店と客の対話の復活など，新しい価値も生み出していることが指摘されている．焼酎の量り売りは料飲店でも行われており，全国約1,600店で採用（99年9月現在）された結果，年間約37万本分のペットボトル（2.7リットル）の節約を実現した．

(6) その他

そのほかにも環境関連市場のビジネスチャンスは実に多様である．その例を京都市周辺の事例からピックアップしてみよう．

・スーパーなどの食品トレーは，すぐ不用になりかさばるが流通上の問題から削減に限界があると指摘されてきた．このトレーに，従来の発泡スチロール製に代わって，焼却処理しやすい間伐材を利用した木製トレーを導入しようという動きがある．現在，秋田や岩手などで民間企業が生産に乗り出しているが，ここでもネックは高価な製造コストである．そこで，木製トレーを商品化して，間伐材の利用促進による山林の荒廃防止と，環境保全に役立てようと，京都府の7町の森林組合と各自治体や

各地方振興局などが，販売ルートの確保など，事業化に向けた共同研究を進めている．
・安全でおいしい水を求めてペットボトル飲料水が買われているが，「水がガソリンより高いのはおかしい」と，イシダなど京都市内の企業の共同出資による協業組合「オー・ド・ヴィ」が，水のはかり売り自動販売機を開発，販売した．これは容器の再利用や配送運賃カットなどにより，高品質なミネラル水を安価（2リットル120円）で提供するというもの．缶やペットボトルなど，飲料の容器使い捨てシステムの現状に対して，量り売りという，新しくて古い流通システムを提唱している．現在，生協や大手スーパーなどを中心に，全国約50ヵ所に設置されている．
・創業100年を超える紙製品やパッケージの老舗，鈴木松風堂は，リサイクル調達や廃棄の点で優れている「紙」を21世紀に向けた究極のエコ原料と認識し，その紙を原料にした新しい市場開拓に積極的に取り組んでいる．たとえば，4トンの荷重圧に耐える紙製パレットは組立式で保管運搬にスペースを取らず，輸送コストをカットできる．紙管製階段手すりは軽量なのでベースの構造が頑強でなくても取り付けられ，汚れも簡単に落ちる．モールド成形植木鉢は，通気性に優れ，装飾的な風合いをもつ上に，そのまま土に埋めてしまうことができる．土への還元性を生かしたものとしては，ペットのお悔やみセット，緑化シートなども商品化している．さらに，収納引出しが8個もついた紙の収納ベッドは，丈夫だが軽くて移動が楽な上に，廃棄が簡単で環境も汚さないとして，下宿学生や病人老人用の需要が見込まれる．

4. 京都のエコ・ビジネスの展望

4.1 社会システムの変容とエコ・ビジネス化の進展

まだ環境保全コストがまさにマイナスの費用としてしか考えられていなかった時代には，財・サービスというその企業の商品提供を通じたビジネスと

しての事業活動と，余力を社会貢献の形で示す企業行動とは，明確に区別されていた．当時は，環境保全の必要性も意識もそれほど高くはなかったため，関連商品の需要は大きくなく，したがって財・サービスの提供に直接関係のない環境保全活動は，直接事業活動とは関係なく，企業市民として地域社会に貢献するための意味合いが強かったのである．

しかしながら，地球環境問題が生活に密接なものとして意識されるようになると，環境の悪化を食い止めることがいかに緊急かつ不可欠であるかという認識が高まり，ビジネスとしての環境分野が期待されるようになってきた．と同時に，直接ビジネスの対象ではない環境保全活動も，企業の経営において重要な位置を占めるようになってきた．たとえば，ISO 14001 の認証取得は，かなり費用がかかるものの，取得する過程でリエンジニアリングの効果があり，省エネや従業員の意識の向上によりコストの削減が見込まれる．これは企業体としての経営効率の向上に貢献している．とくに，ISO 14001 は，企業活動によって生じる負荷に対して，企業自らが目標を設定し，負荷低減のための努力を PDCA のサイクル構築によって継続することが特徴であるため，その効果は一時にとどまらず継続していく．さらに，ヨーロッパの企業を中心に，取引先がこの国際規格取得を取引条件として要求する事例も見られることから，ISO 取得は企業のビジネス活動に直接関係してくる．また，昨今，企業の広告に『ISO 取得』の文字を見かけるようになったが，環境保全企業に与えられる，一種のステータスとしての広報価値もあることがわかる．

さらに，環境報告書や環境会計による情報開示や環境ラベリングの推進，外部機関による環境監査や地域社会との連携支援など，社会的活動も企業評価におおいに影響するようになってきている．たとえば，一部の証券会社が発行を開始したエコファンドへの関心は予想以上に高く，広がる動きをみせているが，このエコファンドに組み入れられる基準は，現在のところ ISO 取得や環境報告書作成などであるという．企業の環境配慮の社会的活動が資金調達にも影響するということになると，環境配慮活動・環境経営が収益に

繋がっていくことになる．まさにエコノミーとエコロジーの統合ということになろう．

このように，自社商品を通じたビジネス面における環境重視ばかりでなく，経営方針の環境保全行動重視化が，社会貢献活動であると同時にビジネス面でも効果が認められるようになってきている．すなわち，環境という側面では，ビジネスと社会貢献の一体化が進んでいると考えられるのである．環境への配慮が足りなければ，企業のイメージが低下し，業績ダウンにつながりかねない状況が，すでに現実のものとなりつつある．また，環境市場を開拓するベンチャー企業も増加している．環境マネジメントシステムの国際規格，ISO 14001 の取得も，今後は中小企業や，サービス業の分野へ広がっていくであろう．

いまや環境経営は，初期の「環境法規遵守」「省エネ活動」の段階から，工場・事業所単位での取組み（ISO 14001 取得など）段階を経て，全社的な環境負荷の低減をめざす段階に入った．先進的な企業では，商品の LCA によるエコ設計，エコ生産，エコ物流，エコ消費，エコ廃棄，省資源の推進やグリーン調達，全社 ISO 14001 取得などにも取組んでいる．

しかし現実には，環境に配慮した省資源循環型社会の実現には大きな障害が立ちはだかっている．それは，エコグッズが普通商品に比べて割高になってしまう，という現状である．たとえば，島津製作所が開発した生分解性プラスチック「ポリ乳酸」は，土の中で微生物によって分解され，自然を汚さない特性を備えているものの，まだ普通のプラスチックの約 5 倍という価格がネックになっている．この価格を下げるためには，技術革新と同時に需要の拡大が大きな牽引力となるのは明らかである．また，分別収集して堆肥化するのがもっとも望ましいとされるため，回収ルートの確立と一般への認知徹底も必要となってくる．そこで，樹脂メーカーなど約 50 社でつくる「生分解性プラスチック研究会」では，シンボルマークを一般から募集して普及を図る考えである．つまりエコグッズの浸透のためには，市場のシステムや認知スタイルを変化させていくことが必要なのである．

たとえば，買い物袋を持参しないとコストがかかり，持参すれば得をするポイントシステムを採用して，レジ袋の及ぼす環境負荷に関する知識を普及させれば，レジ袋の消費量は明らかに減少するのである．つまり，エコ・ビジネス化の進展を促すためには，環境負荷行動は高コストで，環境配慮行動が低コストとなる仕組みをもった経済社会システムへの変容が必要である．そのためには，行政施策によって経済的インセンティブを高め，教育や情報提供によって，消費者である市民の意識を高めることが重要なポイントと考えられる．

4.2 京都におけるエコ・ビジネスの展望

京都市を中心とする京都南部地域は，環境保全に関連して独特の条件をもつと考えられる．まず，歴史的な背景から，遺構や寺社も含めた文化環境の保全が重要であること，観光都市としての性格上，生活面の利便性や快適性ばかりでなく，観光資源として都市環境を考える必要があること，そのためにも山紫水明の自然環境を維持することが求められること，さらに，1997年の温暖化防止京都会議で合意された「京都議定書」のふるさととして，世界的に「環境先進都市のイメージ」が醸成されていること，そして，商売上の進取の気風を歓迎し，市民が行政に先んじて独自に動く伝統があること，等々の特徴は，エコ・ビジネスの苗床として，かなり有利な条件といえよう．

環境問題に取組むためには，企業と市民がそれぞれの立場からの責任を果たし，それを行政が支援するという従来型の役割分担にとどまらず，政策の計画策定段階から，市民や企業が参加していくようなパートナーシップが必要であろう．「京のアジェンダ21」というローカルアジェンダの作成にとどまらず，それを実効あるものとするべく作られた「京のアジェンダフォーラム」はその試みのひとつである．また，京都には「気候ネットワーク」など，全国レベルの環境NGOがいくつも拠点を置いており，国際会議や政策委員会でも積極的に発言している．環境を専門分野とする教員や環境意識の高い学生が多いため，環境関連企業への熱心な就職希望者も多い．環境配慮型企

業は，優秀な人材を獲得できるというメリットも大きいのである．

　一方で，2000年1月に京都市が行った「環境行政アンケート」では，「情報を入手していない」と「あまり入手していない」を合わせると，77.8%が環境問題に取組むために必要な情報が不足していると感じている．96.5%が「環境問題の解決に向けて，市民や事業者と行政は，役割を分担して協力し合う体制が必要」と回答し，「市民の取組みに行政が支援すればよい」という回答を大きく引き離した．つまり，京都市民は，身近な情報をもっと求めており，行政任せでない取組みをする意欲があることがうかがえる．このような市民意識は，環境関連市場にとって，好ましい経営環境と考えられるのである．

　また行政も，自然環境との共存や，省資源循環型社会の構築を目指して，経済的インセンティブを意識した条例や税制，補助金などのエコ・ビジネス支援策を積極的に進めようという動きがある．

　このように，京都では行政も市民も環境に対して比較的意欲が感じられるのに対して，企業はどうであろうか．前節で事例を紹介したように，環境関連市場を積極的に開拓する企業，有望なベンチャー企業，さらに環境会計を全国に先駆けて積極的にとり入れる企業など，京都の環境配慮先進企業の活躍には関心が集まっている．ところが，ISO 14001の取得事業所数をみると，1999年10月末現在で，全国2641件のうち，京都府全体で51件にとどまっている．これは隣の滋賀県と比べても少なく，全国順位も下から3分の1ほどと，決して環境先進地とはいえないのが実情である．しかし，ISO 14001の認証が示す「経営システム自体のグリーン化」は，中小企業への広がりがこれからのポイントである．ISO取得ほどのコストをかけずに，省エネや社員教育，比較的簡単なチェックリストや装置の導入によって，企業も費用削減のメリットを生じ，環境保全も進むような方法を進めていくことも考えられる．京都市と京都府がめざしている「京都・環境マネジメントシステム・スタンダード（京都版ISO）」の実現と，経済活動を通じた他府県への普及などは，これからのエコ・ビジネスにとって有望な市場を生み出す契機

となるであろう．京都のエコ・ビジネスは，これらの貴重なビジネスチャンスとビジネス風土を上手に生かしていくことによって，21世紀の経済活性化の切り札として成長する展望をもつと期待されるのである．

参考文献

井熊均・日本総合研究所［2000］,「企業のための環境問題」東洋経済新報社.
植田和弘監修［1994］,「地球環境キーワード」有斐閣.
エコビジネスネットワーク編［1999］,「地球環境ビジネス2000-2001」産学社.
エコビジネスネットワーク編［1998］,「'98環境ビジネス最新キーワード114」双葉社.
環境庁編［1999］,「平成11年版環境白書」大蔵省印刷局.
京都市［1997］,「京（みやこ）のアジェンダ21概要版」京都市環境局環境企画部地球環境政策課.
京都市［1997］,「京都市地球温暖化対策地域推進計画　概要版」京都市環境保全局.
京都市［1999］,「平成11年度　環境局事業概要」京都市環境局環境企画部環境総務課.
京都市［2000］,「平成11年版　京都市の環境」京都市環境局環境企画部地球環境政策課.
杉山卓［1998］,「環境問題でビジネスルールが変わる」オーム社.
高月紘・仲上健一・佐々木佳代編［1996］,「現代環境論」有斐閣.
通商産業省環境立地局編［1994］,「産業環境ビジョン」通商産業資料調査会.
通商産業省産業政策局編［1996］,「経済構造の変革と創造のためのプログラム」大蔵省印刷局.
仲上健一・小幡範雄［1995］,「エコビジネス論」法律文化社.
日刊工業産業研究所編［1999］,「日本の環境ビジネス優良213社」日刊工業新聞社.
日本環境教育フォーラム編［1997］,「市民のための環境講座」中央法規.

第7章　高齢化社会における福祉用具と地域

守　屋　晴　雄

1. 本章の意図と構成

　高齢化の進行や介護保険制度の実施などによって福祉用具への社会的関心が高まっている．福祉用具が，その生産，流通，使用などを通して市民生活ならびに企業活動にかかわることは明らかである．本章では，そのかかわりの内実が地域の（経済上などの）変化に規定されるとともに，逆に地域の変化に影響を及ぼすことに着目している．地域経済は国家レベルの経済運営の影響を受けるが，その受け方の内実は時代により同一ではない．そこで本章では次のような順序で議論が展開される．まず，2節で地域概念に対する考え方を示す．次いで3節で福祉用具の概念と特質について考え，さらに4節で福祉用具の需給の場について考える．そして，5節で，それまでの考察に立脚しながら，京都における実情の一端について考察する．若干の提言も差しはさむ．本章は，考え方の道筋を鮮明にすることに力点を置く．3節で指摘する福祉用具の特質の1つである必須性から，本章においては，歴史都市京都というような（他都市などと比べての）固有性といった視点はさほど意識されていない．京都を場所事例として上記の内実の起こりつつある変化を追ってみる．

　なお，本章では京都という表現で京都市とその周辺を意味するものとするが，厳密なものではない．

2. 地域概念の考え方

　地域なる概念について福祉用具に触れながら，少しく述べておく．私はかつて地域概念について若干整理したことがある（井口 [1992]）．そこでは，地域概念の部分性と包括性を指摘した．部分性とは，地域を物理的な，空間的な範囲とみたとき，その地域を含めた全体を考えた上でのその部分といった地域概念の側面である．地域にはそれ以外の空間的な範囲が少なくとも暗々裡のうちに想定されている．世界全体を地域とは通常いわないのはこのゆえであろう．包括性とは，地域概念の下位の概念が考えられること，たとえば，文化的観点からみた地域，政治的観点からみた地域，経済的観点からみた地域，気候的観点からみた地域，生活の観点からみた地域といったようなことである．企業のマーケティング担当者であれば地域を市場としての地域として第一義的にはとらえるであろう．企業が商品の消費地として地域をみることは,経済的観点からみることの一例である．地域の考察は何らかの観点の下に行われるが，地域はさまざまな観点が統合されたものとしてとらえることができる．福祉用具に引き寄せて例示的に述べる．京都とは気候面でかなり異なる地域である札幌の例である（岩見 [1997]）．ウェルフェアテクノハウス札幌が1995年から1996年にかけてその実験住宅の見学者にアンケートをとったところ，電動物干への関心の高さが示された．札幌のような寒冷地では冬期には洗濯ものの干し場に困窮し，室内にロープを張って代用していることが多い．ロープの使用は，下肢の不自由な弱者にとりすこぶる難儀な作業である．そこで，ボタンを押すと（室内にある）物干し竿が下に降り，洗濯物を掛けた後，再びボタンを押すと天井まで上がる電動物干が見学者にかなりの関心がもたれた．暖房されている室内ゆえ乾きが早いという（室内の）効果もある．この電動物干の件は気候的観点からみた地域が1つの背景となっている．また，電動物干の消費地としての地域，市場としての地域といった観点も成立する．積雪地における外出用車いすのレンタルは，

車いすによる外出が控えられがちな冬期には成立しにくいことも気候的観点の下でのとらえ方の一例である．

　本章では，福祉用具の流通と使用者の問題に主に焦点を合わせるので，流通の場——小売などの場——としての地域，住民の生活の場としての地域，さらには行政の場としての地域が直接的な考察対象である．一方，福祉用具は，具体的な可動物であるから，生産即消費をその特徴とするサービスとは異なって，当該地域の外で生産し，当該地域の中で消費する，といったシナリオが成立する．この意味で，消費地域は，'生産地域プラス消費地域'の部分である（地域の部分性）．福祉用具がその所有権の所在の移転の形で使用者に渡るにしてもレンタルの形で渡るにしても，物としての福祉用具は物流を介して使用者に使用されるに至る．福祉用具という可動物は，基本的には，その生産地域と消費地域の不一致を克服することを指向するのである．この克服は，地域間で所得格差がないこと，地域間で需要内容が同質なことなどを条件にして，消費の地域間の平準化につながっていく側面をもつ．このことが京都の（歴史都市といったような）固有性を本章が顕著には出さないゆえんである．

　ここで住民の生活する地域は，住民の地域間移動によって変わり得ることに注意しておこう．長年住み続けた土地を離れ，子どもの住む都市に移り住む'呼び寄せ老人'はこの一例である．高齢者が新しい土地になじむには交友関係などで幾多のバリアが考えられるし，本人も'呼び寄せられ'を必ずしも望んでいないと思われるが，現実には呼び寄せ老人の数は少なくない．福祉用具の使用者である住民と地域の対応は固定的な面も確かに強いが，そうでないことの可能性にも'地域と住民'を考えるとき十分に勘案される必要がある[1]．

3. 福祉用具の概念と特質

　本節では福祉用具の概念を述べ，さらにその現代的特質の一端を抽出した

い．本章では福祉用具を福祉性において広く柔軟にとらえる基本スタンスをとる．まず福祉用具の法律上の定義とその具体的範囲について述べる．1993年制定の「福祉用具の研究開発及び普及の促進に関する法律」（福祉用具法）によると，福祉用具とは，「心身の機能が低下し，日常生活を営むのに支障のある老人または心身障害者の日常生活上の便宜を図るための用具，およびこれらの者の機能訓練のための用具並びに補装具」のことを指す．このように福祉用具はそれによってだれが便宜を得るか，によって定義される概念である．通産省による福祉用具の具体的範囲を表1に示す．福祉用具産業は，医療関連，健康関連，福祉関連から構成されるヘルスケア産業の中の福祉関連の中に位置付けることができる．福祉関連の中には他に在宅介護サービス，施設サービスなどが存在する．福祉用具の定義に限らないが，定義を厳しくすれば，当然，その対象範囲は狭まっていくし，また，定義は変わらなくても時代によって具体的範囲に，一般には，差異が生じる．本章では緩やかな定義を採用する．すなわち福祉を弱者への配慮という性格において広くとらえる．ここで弱者は福祉用具法で規定された人を含意している．共用品も弱者にとり福祉用具の中に入る，という見解が成立する．弱者を実際上どのようにとらえるかも福祉用具の範囲を左右する．ここでは，福祉用具が有する性格として，弱者による使用を前提とした上で，手段性と（日常上の）必須性を指摘しておきたい．手段性は用具であるから当然のことである．後者の必須性は，日常生活を（できる限り自立的に）営むことの重要性を背景として，そのために必須のものという認識に基づく．理論的には，物としては同じであっても，弱者にとっては福祉用具，健常者にとっては非福祉用具ということも十分あり得る．下肢の不自由な人にとってのテレビのリモコンやエレベーターは福祉用具である．健常者にとってはリモコンや（低層階の）エレベーターの必須性は小さい（したがって福祉用具ではない）．さらに福祉用具の範囲の拡大につながる1つの考え方について述べる．自立可能と自立不可能の間の境界についての考え方に関連する．ここで自立とは日常動作が出来ることをいう．自立不可能のケースを福祉用具を含めた各種の手段によ

第7章　高齢化社会における福祉用具と地域

表1　通産省区分による福祉用具の対象範囲

	コア領域				周辺領域
	在宅対個人	福祉施設対個人	福祉施設全体	公　共	
自立支援 介護支援 環境改善	・ISO 9999 に準拠した領域		・施設の送迎用バス	・視覚障害者用音響信号機	・大活字文庫本
その他 （サービス 向上省力化 等）			・各施設の厨房，洗濯，掃除等の機器システム ・施設管理用コンピュータシステム		・福祉関連書籍，雑誌，新聞等

出所：通商産業省［1997］．

って減らしていくとき，‘自立不可能から自立可能へ’というシフトが部分的に見出される[2]．このシフトで初めて用いられる福祉用具は，福祉用具の範囲の拡大に連なっていくことが考えられる．また，弱者の程度による福祉用具の分化についても指摘され，ここではいすを例に考えてみる（川村［1997］）．最重度の弱者にはオーダーメイドの個別対応いすが必要とされるが，中程度の弱者には健常者用の市販いすにオプションを付加することで，軽い弱者——軽い姿勢保持機能低下のある者——にはその機能をもついすで，それぞれ十分であろう．福祉用具としてのいすの内実が多様化していくわけであり，荒く考えて個別対応いすが非自立者用のものに対応する，とみることができよう．

次に福祉用具の特質について指摘する．日本システム開発研究所の京極政宏氏は福祉用具に強く要求される特性を次のように指摘する（表現は同氏とは少し変えている）（京極［1997］）．

・弱者の身体機能に適合した製品．
・身体機能に合わせた調整が可能．
・安全性の確保．
・使用者と使用環境への配慮．
・修理とアフターサービスへの配慮．

当然のことであるが，福祉用具は，医学的知識に裏付けられたものでなければならない．福祉用具を，"ユニバーサルデザイン・汎用福祉用具・ユニット化（モジュール化）・オーダーメイド"と並べると，後ろへいくほど対使用者個別対応性が高くなる傾向を指摘できる．ユニバーサルデザインは，対弱者個別対応が可能なように健常者使用商品の中ですでに解決されているものであって，バスでいえば低床バスがこれに当たろう．これに対しバリアフリー商品では，車いすのように，健常者使用商品であるとは限らない．バスでいえばノンステップの超低床バスがユニバーサルデザイン，リフト付きバスがバリアフリーというイメージである[3]．上でも用いたが，日本発のことばである共用品は，ユニバーサルデザインと内容的には同じとみてよい．ユニバーサルデザイン商品では，健常者弱者を問わず同一の商品である分，市場は大きく，コストの低減も規模の利益により可能となろう．しかし，ユニバーサル化できない福祉用具では，1つの方策として，モジュラー化し，流通末端などにおいて個別対応のための調整が可能であるようにすることが考えられる．さらに，需要のきわめて僅少な福祉用具では十分な個別対応のためには実際にはかなりのコストがかかることがしばしばであろう（オーファン福祉用具）．その福祉用具の（使用者にとっての）必須性とその使用者の経済的能力——そのような福祉用具を必須とする使用者は稼得能力の低さからこれが低いことが多いと思われる——と相まって，個別対応のための高コスト性は公的助成の必要性の根拠となる．福祉用具において個別対応性の高いものほど適切な個別対応を探り当てるために提供者側の努力をより多く必要とする．弱者の生活の実態の中で福祉用具設計上の最適点は探されなければならない．ここで最適点は，本人の自立を助けるという観点で，基本的には考えられるべきであろう．オーダーメイドのものは，その市場性が低い場合が多い．

また，福祉用具の手段性から次の特質が従う．用具であることは，具体的な何らかの目的のために用具として寄与することであって，本来的には資産の形成を目的としたり誇示や嗜好のためのものではないことである．このこ

とからレンタルになじむということが指摘される．いま１つ含意を示すと，酒のような嗜好品ではないことから，'××産の福祉用具' という産地強調のイメージ的視点は使用者による選択上でさほど重要性をもたないことが指摘される．ここで××は特定の生産地域である．換言すれば '産地もの'[4] としての性格は福祉用具には薄弱である．

以上本節では福祉用具の概念とその特質について吟味した．

4. 福祉用具と市場

福祉用具と市場とのかかわりが増しつつあるという１つの事実について，福祉用具の需要面と供給面さらには制度的な面に着眼して，述べることにする．市場での売買取引の対象である商品において売買当事者以外である第三者による，取引への関与が小さいとき，'商品性が高い' と表現しよう．その商品性の増大を象徴することとして，同じ種類の福祉用具の中でいろいろな色やデザインのものの出現が著しいことを挙げることができる．このことは，1996年にオープンした生活協同組合コープこうべの福祉介護センター「はーとらんど」の売場における豊富な品揃えを一瞥すれば了解されよう．福祉用具をめぐっての供給者間の競争がファッション化の進行の背景に存在する．競争は関与が小さいことを示唆している．最低限のファッション性はスタンダードになりつつある．

まず需要面における変化に着目しよう．まず，高齢化社会の進行によって自立援助を必要とする対象者の数は増大する一方，少子化，核家族化などによって人的介護の制限が厳しくなっていくことを指摘する．このことは，当然，全体の需要の上昇につながる．

さらに次のように指摘できる．弱者において，従来は無意識的にまたは意識的に断念していたが，実現可能な要請として浮上するような要請の存在が考えられる．一例で説明する．街に車いすで気軽に繰り出す要請は，従来は比較的潜んでいたが，顕在化の方向にある．ノーマライゼーションという社

会の価値規範と調和するこの外出への要請は，（人や街との）コミュニケーションへの要請という側面をもつ．外出支援のハード的な方法の中に福祉用具の使用が存在するが，それが十分安全にかつ円滑に使用できるような環境整備――車いすの場合，片下がりや段差を解消したり，歩道幅を確保するなど――が肝要である．乗用車の中にも，車いすを車内に入れやすい同乗型のもの，車いすが車内にすでに固定されているものが出現している．本人にとり車いすは環境であるが，道路や自動車は上述の意味で車いすの使用環境したがって本人の環境となるのである．車いすと道路が協動関係にある．自宅などへの引きこもりは身体機能の後退を助長するとともに生活の張りを低下させかねない．寝たきりと非寝たきりの間のボーダーラインが社会的規範やハード的整備などを背景にして下方に移動すると，考えられる福祉用具が拡大していくのである．もちろんここでは非寝たきりを上に位置づけている．車いすでは屋内用，屋外用という分化が促進される．以上のことがらは福祉用具の需要の増大への因子の一端としてとらえられる．市場規模の推計例を図1に示す．

次に供給側に着目してみる．福祉用具の生産技術は，特別なものを除いて，必ずしもハイテクである必要はない場合が多い．需要者のニーズに合わせて精細な工夫を凝らす過程で'高度技術の粋'は必ずしも必要とはしないことが多いのである[5]．このことは技術や資金面での生産への参入障壁の低さを意味している．また，生産企業の出自をみると，従来は福祉用具の生産に携わっていなかった企業の福祉用具への参入の動きがしばしば見出される．大人用のおむつ市場に参入する製紙企業など事例には事欠かない．製品面からみても，銀行のATM（現金自動預払機）に弱視者用などに画面拡大機能を付けるといった既存の製品に福祉性を付与する場合も多い．ここには，自社製品に機能を付加する発想，弱者専用のものではない共用品の発想，既存の使用方法の継承を重視する発想が看取される．福祉用具への進出には既存の自社経営資源を使用することによるシナジー効果の発現を狙う，という面も存在する．需要がある程度拡大すると，標準化を媒介として，量産による規

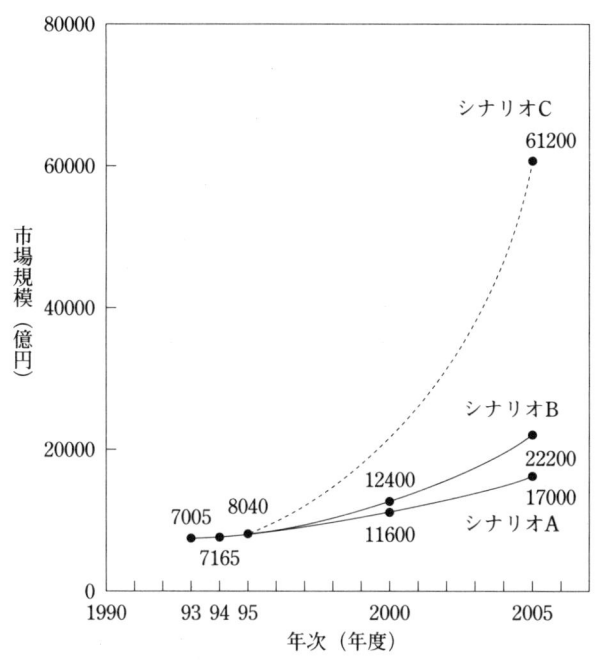

第7章 高齢化社会における福祉用具と地域　　　　165

注：シナリオAは，福祉用具利用者が1年間に購入する福祉用具の金額と人口増加に着目して2005年時点まで延長推計したものである．シナリオBは，福祉用具の品目に着目し，品目ごとの市場規模の成長率が今後とも一定に保たれると想定したトレンド推計である．シナリオCは，福祉用具に対する社会的認知度や受容性が向上し，利用形態が大幅に拡大することを想定しており，飛躍的な福祉用具の市場拡大を予測した推計結果である．
出所：通商産業省［1997］．

図1　2005年における福祉用具市場規模の推計結果

模の利益を求めることも考えられる．現今の不況や産業構造の変化による既存事業の停滞といった背景も福祉用具への進出にはしばしば見出される．この背景は参入プッシュ要因である．

　福祉用具は弱者への補償手段の一環であって，むろんそのすべてではない．特別養護老人ホームなどの施設系のサービスや弱者に対する種々のボランティア活動は福祉用具そのものではないが，福祉性を有している．福祉系施設で福祉用具を使うというように，福祉サービスの中で用いられることは，福祉性を有するものとの組み合わせとして把握される．福祉性のない，ないし

薄いものとの場合も含めて，組み合わせは一種の相互補完である．組み合わせを通して福祉の，そして福祉用具の（社会における）供給力が向上していくのである．リハビリにはリハビリ指導とリハビリ用具が必須であり，両者は互いに他を前提にしている．以上供給サイドに着目した．

次に制度面からみると，福祉行政における措置行政からの離陸という1つの流れが重要である（措置行政が消失してしまうという意味ではない）．2000年4月施行の公的介護保険制度は，この流れの中にある，という性格を有する．保険料の支払いと介護サービス利用の間には，個人レベルでは，対応はないが，加入者全体としては支払いとサービスの間に対応が存在する．ここにサービスの商品性を見出すことができる．認定者と業者の間の契約という方式の採用にも商品性が見出される．制度の下では福祉用具のレンタル（貸与）・購入費の支給は在宅サービスの中に位置付けられ，支給対象は原則としてレンタルサービスとなる方向である．保険料は実施主体である市町村の提供サービスの状況によって上下することも商品性の側面である，といえる．ただ，40歳以上の人には加入が強制されるし，保険の財源は，'保険料50％，公費50％'である，というように，商品性は限定的である．負担上限の存在，低所得者への配慮も限定性の側面である．介護保険制度は，根本的には，上述した福祉における需給状況の変化から生じた，という面が本質的である．また，医療保険制度の財政問題が介護保険制度の成立にかかわっているという視点も重要であるが，本章ではこれ以上述べない．福祉用具と介護保険制度とのかかわりについては次節で再論する．

また，行政による福祉用具の研究開発助成など種々の形での行政のかかわりも福祉用具の供給力を向上させることに寄与する．前出の「福祉用具法」によって，通産省では新エネルギー開発機構が，厚生省ではテクノエイド協会がそれぞれ指定団体となって，福祉用具の研究開発普及を指向した活動を行っている．需要の存在――少なくとも潜在的な需要の存在，掘り起こしの対象となる需要の存在――の認識がこのかかわりの根底にあることは銘記されるべきである．そしてその需要がノーマライゼイションなどの社会的価値

第7章 高齢化社会における福祉用具と地域　　167

規範の浸透に大きく規定されるのである．

　以上この節では福祉用具の商品性の向上というベクトルに着目し，その構造的な要因としての需給状況の変化について明らかにすることを試みた．この変化によって商品として成立しやすくなっていくのである．次節で京都の実情が考察される．

5. 京都の実情

　この節では京都における福祉用具の流通[6]に主な焦点を当てる．また，使用者による選択の問題にも言及する．いうまでもなく京都市も表2のように高齢化の趨勢にある．（しかし，いわゆる京都府郡部よりも京都市の方が住民全体に占める高齢者の比率ははるかに低い．）この比率の高さは少子化の趨勢にも基づく．絶対数では市の高齢者は京都府の各郡部よりも多い．政令指定都市の中では京都市の高齢者比率は北九州市に次いで高いし，京都市が大学の都市であることを考えると，下宿大学生を除いた測定では最も高いかもしれない．

　京都における流通上の変化の趨勢に着目する．まず従来の流通の有り様を示す京都市の1つの事業に着目する．

　京都市の老人日常生活用具給付等事業は在宅で受けられる市の保健・福祉サービスの一環であり，1977年に発足した．他に重度心身障害児（者）のための日常生活用具給付等事業がある．福祉用具自体が弱者のための補充とい

表2　京都市の人口

	総人口	高齢者（65歳以上）人口	高齢者（75歳以上）人口
1992年	1,456,527人	196,479人（13.5%）	86,882人（6.0%）
目標年度	1,480,000人	246,124人（16.6%）	98,257人（6.6%）

注：1992年の人口は「平成4年10月京都市推計人口」，目標年度の人口は「新京都市基本計画」作成資料による2000年人口．かっこ内は総人口に対する割合．
出所：京都市資料．

表3 1998年度老人日常生活用具給付件数（京都市）

エアーパット	マットレス	火災警報機(交流式)	火災警報機(電池式)	腰掛便器	自動消火器	失禁シーツ	体位変換器
487	15	124	74	1,174	95	1,562	65
電磁調理器	湯沸器	湯沸器工事費	特殊尿器	入浴補助用具	歩行支援用具	徘徊感知器	合計
290	75	63	46	2,695	3,752	10	10,527

出所：京都市資料．

う福祉性を有していて，さらに，生計中心者の前年所得税課税年額が小さいほど利用者負担額が小さくなる（究極にはゼロ）ことにも福祉性が見出せる．このような意味でこの事業には二重の福祉性が指摘される．なお，給付等の対象品目は限定されている．指定業者制度とともにこのことは同制度の措置的性格を示している．京都市の1998年度の給付の実施状況は表3のとおりであり，歩行支援用具，入浴補助用具，失禁シーツ，簡易便器の点数が多く，徘徊感知器，車いすの点数は少ない．対象用具は本質的には福祉用具に入る．

　このような事業は実施主体（市町村）によって必ずしも同一でない．たとえば所得制限の内容などが同一ではない．京都市では，給付は用具が申請者の所有に帰することを，貸与は京都市の所有にあるものを貸出すことを，レンタルは民間業者の所有にあるものを貸出すことを，それぞれいう．通常の事業は給付の形態をとる．給付は所有権が利用者に移るが，レンタルでは所有権は事業者にとどまる．1997年度より実施の貸与制度の要諦は次のとおりである．これは京都市独自の制度である．貸与対象用具は車いすと特殊寝台に限定されている．市が落札によりこれらを一括購入する．保管は落札業者が行い，申請に応じ使用者宅に納入する．市による購入には市場が働くが，貸与は市場の中で行なわれない．この制度は，使用されなくなった後の処理の問題の解決とリサイクルの促進を指向して導入された．また，経済的に低負担で使用できることも考慮された（給付であると高所得階層では高負担となる）．使用者にとっては，使用できる機種が限定されてしまう難点がある．

機種の質でも落札価格の下落に伴い落ちている,という業者の声がある.業者の収益としては,給付制度の適用の場合と比べ1台納入ごとの利益は激減した.給付,レンタル,貸与にしても指定業者（370社程度）が介在することになる.貸与を含めた上記の市の関与は福祉用具の商品性の低さないし欠如の一端を示しているが,2000年開始の介護保険制度の下では商品性の程度が高まろう.保険対象用具については,レンタルを基本としつつ,他人が使用したものを再利用することに抵抗のあるもの,使用によりもとの形態や性能が変わるものについては購入費が保険財源から給付されることになっている[7].介護保険制度の実施に伴ない,上記事業の内容は変わることが予定されている.介護保険制度の対象品目についてはそこに移行させ,湯沸かし器,火災警報器,調理器,失禁シーツといった制度に乗らないものはそのまま残存させる.痴呆,被虐待者については,支援や介護の認定者とならないとき,措置を考えている.貸与については,制度実施前にそれを受けている者は,それを継続する.介護保険制度では（京都市の概念による）貸与はないので,新たな貸与はなくなる.

　もちろん上記用具が使用者に渡る他のルートもあるが,象徴的なこととして上述した.

　次に京都の（伝統的な）福祉用具流通業の現状を中心に述べる.

　京都の福祉用具関連企業（メーカー,ディーラー）の特徴として,メーカーは比較的少なく,ディーラーは相対的には多いことが挙げられる.（生産地としての京都はやや弱い.）日本福祉用具供給協会近畿支部京都ブロック——厚生省所轄のディーラー団体の地方組織——には1997年現在で41会員が加盟している.その中で京都市所在が圧倒的に多い.京都の福祉用具流通業の現状を京都府中小企業総合センターの報告書（京都府中小企業総合センター［1998］）によって明らかにする.同センターによるアンケート調査は1998年に実施され,上記ブロック加盟企業40社を調査対象とし,回答は30社であった.店舗の所在は,京都市内28店,南山城5店,その他地域1ないし2店である.京都市内では,中京区6店に対し,東山区や右京区0店で

あるように，市内でも偏在している．兼業20社，専業10社であり，いずれも規模は小さいが，その中で専業の方がやや大きい．年間売上高は表4のとおりであり，専業の方が大きい．売上が増加している企業の中で，その理由として自社の営業努力を挙げた企業が多い．販売先については，福祉事務所[8]等行政向け，社会福祉施設等施設向け，店舗販売が中心であって，通信・カタログ販売は少ない．仕入先についてはメーカーとの結び付きが強い．メーカーへの要望は表5のように，基本的な，初歩的な面での要望が顕著である．安全性への要望の回答数は必ずしも多くないが，福祉用具の機能や価格の問題がある程度解決されないと安全性の問題は水面下にある，といった解釈が（仮説として）成立しよう．福祉用具の現在のライフサイクルステージ[9]――成熟ステージにはほど遠い――を示唆していよう．

次に事例としてシルバーサービスと京都西陣おたっしゃ本舗なる上記ブロック加盟の2企業について略述する．

表4　年間売上高別企業数

年間売上高		1千万円未満	1～3千万円	3～5千万円	5千～1億円	1～3億円	3億円以上
全体	回答数	6	7	3	7	4	3
	比率	20%	23%	10%	23%	14%	10%
専業	回答数	1	2	0	3	2	2
	比率	10%	20%	0%	30%	20%	20%
兼業	回答数	5	5	3	4	2	1
	比率	25%	25%	15%	20%	10%	5%

注：回答企業30社．
出所：京都府中小企業総合センター［1998］．

表5　流通業から製造業への要望

要望	開発にユーザーの意見を反映して欲しい	アフターサービスを充実して欲しい	仕入れ単価を下げて欲しい	安全性を高めて欲しい	短期に納品して欲しい	取扱説明を充実して欲しい
回答数	16	12	22	9	7	4
比率	57%	43%	79%	32%	25%	14%

注：回答企業28社，複数回答．
出所：京都府中小企業総合センター［1998］．

第7章　高齢化社会における福祉用具と地域　　　　　171

　シルバーサービス：下京区に本社がある．福祉用具の販売，レンタル，住宅改善，在宅介護サービスを事業内容としている．ターゲットとしては，行政サービスの対象者と富裕な高齢者の間の広範な高齢者を狙っているが，実際上は行政からの受託や施設向けによって黒字化した．同社を含めた関西の4社がコアサポートなる共同出資会社を設立し，介護ショップのレンタル事業を支援している．

　おたっしゃ本舗：'高齢者が気軽に立寄れる場所'を提供することをコンセプトとしている．店舗の入口付近には軽福祉用具を，奥には重福祉用具をそれぞれ展示し，販売に供している．（一般に使用されている用語ではないが，車いすやベッドのような重くてかさばるものを重福祉用具，弱者用に配慮された食器類や補聴器のように軽くてかさばらないものを軽福祉用具と表現した．）行政の給付事業も受け付けているが，それに経営上依存はしていない，という．福祉用具の選択を重視し，選択に当たってのアドバイザーの仕事の重要性を強調している．

　以上，小売を中心とした流通について京都の実情の一端を述べたが，福祉用具が措置の対象から契約の対象へ，という流れを垣間見ることができる．次にそれを支える上流上と下流上のことがらの例として，レンタル卸と改造施設について，京都とは少し離れた形で，一般的に考えてみる．

　まずレンタル卸について述べる．まず，既述の繰り返しになるが，福祉用具におけるレンタルの意味について再言する．福祉用具は，紙おむつのような消耗品的なものを除いて使用者にとってレンタルが望ましいという側面がある．使用者の身体的・精神的条件や使用環境が一般には一定ではなく，不適切な福祉用具を使用すると本人，介護者に不要な苦痛を日常的にもたらしかねない．給付であると，不要ないし不適切になった後の処理の問題が存在する．特殊ベッドのような福祉用具の場合，特にそうである．福祉用具は用具という手段財であり，収集の対象ではないし，使用者にとり経済的負担の問題もある．介護保険制度の下では福祉用具はレンタル方式が原則，基本となる．同制度の下で給付対象となる福祉用具の厚生省案は，現行の老人日常

生活用具給付等事業の対象品目の中から，自立促進，介護者の負担軽減を原則に定めている．(注7) もみられたい．) レンタル方式の採用は，上述のことがらの他，同制度が使用者の資産形成に (結果としてでも) つながってはならない趣旨のものであることに基づく．前で紹介したシルバーサービスも使用者へのレンタル業務を手がけている．ここでは，日本ケアサプライによるレンタル卸を紹介する．卸であることに注意されたい．介護ショップなど福祉用具供給事業者のレンタルに伴う新規負担の一部を引き受けるべく設立された．同社は三菱商事グループを中心に，パラマウントベッド，ニチイ学館，たかひこなどの出資によった．同社は存在意義を次のように説いている．"介護保険下での福祉用具レンタルサービスは，質量ともに豊富な商品な購入など経営資源を必要とする．この事業基盤の構築を引き受け，供給事業者にはサービス提供に少しでも専念してもらう．" そのためにレンタル卸という機能を同社が担う (図2)．小売は行わないので，小売とは競合せず，補完的な関係を指向している．インフラストラクチャーという用語をやや乱用すれば，同社は上方インフラ的役割を担うことになる．ただし，同社の採算面については，現在は立ち上げの段階であり，億単位の赤字を余儀なくされ

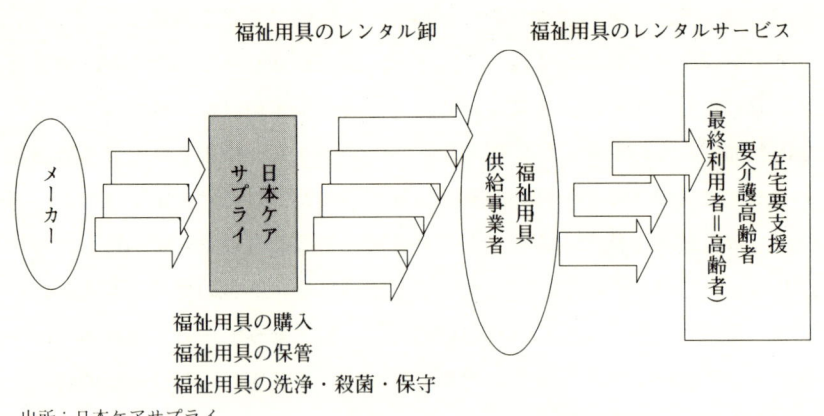

図2 福祉用具のレンタル卸の機能

出所：日本ケアサプライ．

第7章　高齢化社会における福祉用具と地域

ている．しかし，着実に準備を進めている[10]．

次に福祉用具の改造施設について滋賀県立福祉用具センターの例を述べる．同センターの業務の1つの柱は，利用者の相談に基づく福祉用具の改造・製作を行うことである．同センター発行のパンフレットによりいくつかの実施例を示す．非福祉用具の福祉用具化のケースも多い．

・小さくて押しにくいテレビのリモコンのボタンを改造し，大きくした．
・座面が低く立ち上がりにくいいすの脚を延長し，座面を高くした．
・標準型の車いすでは座るとずり落ちてしまうので，車いすを後方に傾くようにし，頭支えと脚のせクッションを製作した．

市町村や保健福祉機関と協力体制を組んでいる．また，実際の改造・製作に当たってはメーカーとの協力も行われている．このような施設は下方インフラとして位置付けられよう．種々の福祉用具が持ち込まれるし，対応の仕方も一様ではないので，採算面で民がなかなか入りにくい領域であろう．インフラとして他に龍谷大学の福祉フォーラムも注目される[11]．

ここでは流通末端を基点にとってのにとっての上方インフラと下方インフラについて例示的に述べたが，最終的には使用者の福祉の向上に統合される必要がある．インフラについては生産から使用さらには廃棄までを制度も交えてシステムとしてとられることが肝要である．

本節の最後に1つの提言を述べる．

福祉用具の選択について考えてみる．福祉用具を具体的に選択するとき，実際，だれがそれをするのか，という問題がある．決定において介護者に実質的に依存するケースが多い，と推測される．コープこうべの「コープリビング甲南」内の「はーとらんど」の相談コーナーへの来訪は，介護をしている家族の者が中心である．ただ，本人は物理的に来づらいという事情があることなどを考えるとこのこと即介護者による決定とは短絡できないことには注意を要する．また，ジェー・シー・アイの和田勲氏は，ある座談会の中で，福祉用具を本人自らが選んでいる割合はすこぶる低い旨の発言をしている（和田［1997］）．介護全体の中に'組み込まれ性'の強い福祉用具では選択者

が介護エキスパートになることは自然であるにしても，そうでない場合でも本人でないケースが多いのである．

　この選択に密接に関連することであるが，福祉用具に関する情報が本人や家族に十分的確に伝わらないことが指摘される．どのような福祉用具がどこでどのように販売されているのかの情報が一般の家族にはなかなか伝わりにくいのである．したがって，「もしもしフォン」などを商品名とする助聴器の例のように新聞紙上にひとたび紹介されるとかなりの問い合わせが寄せられることになる．音声が聞きとりにくいときに携帯電話のように耳に当て，音源と連結させる助聴器は，補聴器のような高価なものではないし，また手軽に使用される．このような情報を一般新聞などのマスコミに商業広告として流すことは，収益性の低い介護ショップでは困難であろう．公への依存の大きい下ではこのような方法での情報の伝達はそもそも必要ではなかった，という側面もある．使用者などが情報を得るには，展示場などに足を運ぶことも有益であるので，展示場の所在，関連催しなどの情報を本人やその家族に知らせる手立ても肝要である．さらに，使用福祉用具の種類は確定しているにしてもその中で具体的に選択するとき，的確な助言がすこぶる肝要なことが多い．この助言も一種の情報であって，理論的には，この助言をする者に（助言の）対価を支払うシステムは検討される価値が十分ある．供給のシステム全体におけるハード，ソフトともどものさらなる整備が望まれる．

6. 本章の確認

　以上，本章では，'福祉用具と地域'について京都の実情を差しはさみながら考察してきた．起きつつある時間的変化を追った．
　福祉用具の商品性の増大と並行する形でその地域とのかかわりの内実が変貌してきている．流通の考察のなかで示した非福祉企業の進出や既存小売りの方向性はこのことの一例であるし，行政のかかわりにおいては，介護保険制度を背景にして，行政措置という一種の行政処分という形での直接的関与

からの離陸の方向——基盤整備や調整といった機能への方向——が見出される．

　本章では広範な福祉用具をひとくくりにとらえすぎているきらいがあり，各福祉用具の特性を考慮した緻密な把握にはほど遠い．しかし，福祉用具と地域のかかわりにおける構造的変化の一端を，京都の実情を差しはさみながら，とらえることにも意義があろうと考え，本章を著わした．一般に商品は，生産と消費の間の場所的，時間的隔たりを埋めるという側面を有する．場所的隔たりを埋めることを通して地域間の消費の平準化に貢献する面をもつ．京都市の（他地域と比べての）特性に本章では焦点を合わせなかった1つのゆえんである．一方，福祉用具は，個々の消費者の特性に合わせて不断に対応するという個別対応性が，一般の商品より要請されることが多い．ここに，福祉用具とそれを使ったサービスの供給において，消費地域ないしその近隣に所在するものが登場する余地と意義が見出せる．この供給が，介護保険制度などの制度のなかでしばしば行われるのである．地方自治を実質化する地方の時代という趨勢のなかで地方政府の役割はますます重要になりつつある．京都市という自治体もこの例外ではない．

　福祉用具は基本的には，すぐれて本人の自立を助けるという視点で評価されるべきであり，過保護のためのものではないことを銘記すべきであろう．地域を構成するないしそれに関与する主体の努力は，使用者の福祉の真の向上に資さなければならない．

　考え方の筋道を述べることに力点を置いたため，京都の実情の叙述については手薄になってしまった．この点了解されたい．

注
1) 福祉サービスのよいところへ移住する，たとえば，高齢者福祉サービスが充実している町へ遠方から移住する'Iターン現象'がみられる．福祉用具は（可動物である）福祉用具の方が移動するが，サービスでは受け手のほうが移動することが考えられるのである．この移動の1つのケースが居住地の変更である．慣れた住居からの転居に対し，高齢者は案外割り切っているという報告がある．

2) 弱者度をスカラーとしてその低い順から上から一列に並べたとき，ボーダーが下へ移動することである．弱者の関連属性は一般にはベクトルであるが，弱者度というスカラーに翻訳するのである．介護保険制度における認定作業もベクトルをスカラーに翻訳するところに本質的な難しさがある．

1) 保険料とサービスについての地域格差によって介護保険が居住地を決める要素になることも十分考えられる．(『日本経済新聞』1999年3月22日付，9月24日付)

3) 『日本経済新聞』1998年10月20日付（夕刊）掲載の座談会における光野有次氏の発言．

4) 財を，狭い地域内で生産，消費が完結している里もの，他の地域にも出され，生産地が強調される産地もの，生産地が強調されないメーカーものという3つのジャンルに分けたとき，産地ものという色彩は薄い．

5) ハイテクが用いられないということではない．電動車いすの例を述べると，高度な電子制御技術を用いるユニットを手動車いすに取り付けることによって車いすの車輪を少しの力で回せるものが開発された．ニーズへの対応をするとともにそれを発掘している．(『日本経済新聞』1999年8月22日付)

6) 政府などの公的セクターによる統制性が強い配給とそうではない流通というように定義できるが，本章では両者を含めて流通という．福祉用具の流通については次の文献がある：東畠 [1997]．

7) 介護保険制度では次のようになっている．貸与と給付であり，前者が基本である．この貸与は（所有権は業者にある）レンタルであり，京都市における貸与とは異なる概念である．それは同市のレンタルに相当する．貸与品目をいくつか挙げると，車いす，特殊寝台，じょくそう予防器，歩行器であり，購入品目は腰掛便座，特殊尿器などである．それぞれその機能などが定められている．以上のことは全国一律に定められており，京都市も例外ではない．

8) 必置規制の下にある．必置規制については寺田 [1999] の井口富夫氏執筆の第7章必置規制と地方分権，が詳しい．

9) 福祉用具産業のライフサイクルステージとしては，成長期に入ろうとするところ，または成長期に入ったところとして大過なかろう．確かに車いすなどは従来から存在していたが，産業との関連ではこのように判断される．

10) 『シルバー新報』1999年8月27日付．

11) 龍谷大学福祉フォーラムも一例である．その事業の1つとして福祉関連産業の振興を担うインキュベーション機能の提供がある．この中に福祉用具の共同研究・開発が属する．

参考文献

東畠弘子 [1997]，「福祉用具の流通システム」『企業診断』第44巻第10号．
井口富夫編 [1992]，『地域ダイナミズムの研究—京都南部地域の動向—』ミネル

ヴァ書房.
岩見太市［1997］,「機器開発の視点は地域ニーズの発掘から―ウェルフェアテクノハウス札幌2年半の歩み―」『機械振興』352号.
川村一郎［1997］,「福祉用具流通の特殊性」『福祉用具の明日を拓くⅢ―流通から見た産業化―』環境新聞社.
京極政宏［1997］,「福祉用具産業からみた地域振興と地域企業への期待」『企業診断』第44巻第10号.
京都府中小企業総合センター［1998］,『福祉用具市場調査報告書―福祉用具の産業化をめざして―』.
寺田宏洲編著［1999］,『地方分権と行財政改革』新評論.
通商産業省［1997］,『福祉用具産業政策の基本的方向　福祉用具産業懇談会　第2次中間報告』.
和田勲他［1997］,「地域の目で見た福祉用具産業」（座談会）『機械振興』352号.

（付記）本章は，次の2つの拙稿をベースに執筆されている．本章では割愛した拙稿の部分も少なからずあるので，合わせてお読みいただければ幸いである．守屋晴雄［1999］,「福祉用具の商品性についての基礎的考察」『龍谷大学経営学論集』第39巻第2号；同［1999］,「福祉用具と地域―京都の実情を差しはさみながら―」『龍谷大学経済学論集』（宮永昌男教授退職記念号）第39巻第2・3号.

また，本章では，介護保険制度に触れてはいるが，その制度そのものの説明はしていない．このことについてはたとえば次の文献がある．平野武編［2000］,『生命・環境と現代社会』晃洋書房，の第4章「介護保険」と社会保障（宮永昌男氏執筆）；『日本経済新聞』2000年2月27日付.

本章は2000年2月に執筆されている．このことに配慮されながら，お読みいただければ幸いである．

第8章　金融システム改革と農業協同組合

長谷川　修三

1. ビッグバンの進行と農業協同組合

　今に始まったことではないが，わが国の農業を取り巻く社会・経済環境は，年々厳しさを増している．それにつれて農業協同組合の数も，長期的に減少傾向を示してきた．さらに，金融業を取り巻く最近の急激な環境変化は，農業協同組合の経営に，これまで以上に深刻な打撃を与えている．金融業における，この大きな流れは，周知の通り，ビッグバン（金融システム改革）と呼ばれるものであり，金融機関に対する規制が，最近になって極めて急速に緩和される方向へ向かっている．ビッグバンについては，金利等の規制を緩和する価格自由化と，業務分野に対する規制を緩和する業務分野の自由化の2つに大別することができる．このうち価格自由化については，すでに金利も株式売買手数料も完全に自由化されている．業務分野の自由化は，銀行，証券，保険の相互参入を促進し，2001年までに業態間の垣根を取り払い，国際ルールの下で，幅広い金融商品を互いに販売可能にすることを目指している．

　業務分野の自由化については，その根拠として，各金融機関が扱う，商品・サービスが同質化してきたことと，消費者の立場に立って消費者の利益を増大させる等があげられる．後者の「消費者利益の増大」は，新種金融商品の開発等による総合生活設計，ワンストップ・ショッピングを可能にすること，事業経営の効率化（それに伴う価格の引き下げ）である．このうち，

ワンストップ・ショッピングと,総合生活設計は,業務分野の拡大によって今までは実現することができなかった新たな魅力的な商品・サービスを開発できるということから,実現させることができるであろう.

しかし,業務分野が自由化され,業務範囲が拡大しても,競争促進効果や費用節約効果が実現するかどうかは疑問である.なぜなら,特定の産業に,新規企業の参入が行われ,企業数が増大すれば,そのなかで競争が促進される可能性はあるが,実際に競争促進につながるかどうかは,産業内の市場構造や企業間関係に依存するからである.

農協は,現在までに,他の金融機関に先立って,信用事業という名で銀行業務を,共済事業という名で保険業務を,さらに他の多くの事業を兼業している.一般に,複数業務を兼業することによって,費用節約効果が生じるとされている.この費用節約効果を,経済学では,範囲の経済性(economies of scope)という.つまり,農協は,他の金融機関に比べて,費用面で優遇されてきたことになる.もし,金融業における業務範囲の自由化が進み,金融機関の業態間相互乗入れが促進されるなら,これまで農協が享受してきた費用面のメリットが消滅することを意味している.

本章の目的は,京都府の総合農協のデータを利用しながら,範囲の経済性と規模の経済性に関する実証研究をすることによって,農業協同組合が複数業務を兼業することでもって,どの程度の費用節約を実現してきたのか,を明らかにするとともに,今後の農業協同組合経営に関して若干の検討を加えることである.第2節では,農業協同組合の業務と,組合数の推移を考える.第3節では,範囲の経済性について説明し,第4節において,金融機関を対象とした従来の諸研究の展望を行う.第5節では,測定方法とモデルの定式化を行い,第6節で,京都府の総合農協の費用データを用いて範囲の経済性と規模の経済性に関して実証分析を行う.最後に,第7節で,今後の農協経営について若干の検討を行う.(以下,本章では,農業協同組合を農協と略称する)

2. 農協の業務と組合数の推移

2.1 農協の業務

農業協同組合法（昭和22年施行，平成11年改正）第10条第1項には，農協は次のような業務の全部または一部を行うことができるとされている．

① 組合員の事業または生活に必要な資金の貸付（信用事業）
② 組合員の貯金または定期積金の受入（信用事業）
③ 組合員の事業または生活に必要な物資の供給（購買事業）
③の2 組合員の事業または生活に必要な共同利用施設の設置（ただし，医療に関する共同利用施設を除く）（利用事業）
④ 農作業の共同化その他農業労働の効率の増進に関する施設（農業生産に関する事業）
⑤ 農業の目的に供される土地の造成，改良もしくは管理，農業の目的に供するための土地の売渡し，貸付けもしくは交換または農業水利施設の設置もしくは管理（農用地供給事業）
⑥ 組合員の生産する物資の運搬，加工，貯蔵または販売（販売事業）
⑦ 農村工業に関する施設（農村工業事業）
⑧ 共済に関する施設（共済事業）
⑨ 医療に関する施設（厚生事業）
⑨の2 老人の福祉に関する施設（厚生事業）
⑩ 組合員の農業に関する技術および経営の向上を図るための教育または農村の生活および文化の改善に関する施設（営農・生活指導事業）
⑪ 組合員の経済的地位の改善のためにする団体協約の締結（団体協約）
⑫ 前各号の事業に附帯する事業

農協は，以上の農業協同組合法に基づいて事業を実施している．監督官庁は，農林水産省である．一般に，金融機関の監督は，大蔵省ないし金融監督庁によって行われているが，農協の場合は，金融業務を行なっていても，監

督官庁は農林水産省である．農協には，総合農協と専門農協がある．上述の事業を総合的に行っている単位組合で，組合員に出資させる単位組合が，総合農協と呼ばれている．他方，養蚕，畜産，酪農等等の特定作目の農業者が組織し，その特定作目の販売事業が主体である単位組合が，専門農協である．総合農協も専門農協も，基本的には，組合員を対象とした協同組合組織である．とりわけ，専門農協において，その色彩が濃厚である．上述したように，農業協同組合法は，共済事業に関しては，第10条第1項において，その利用を組合員に限定していない．つまり，員外利用を最初から認めている．

さらに，同法は，信用事業についても，第10条の第8項と第9項で限定的な範囲ではあるが員外利用を認めている．このような意味で，総合農協は，組合員を対象とした協同組合組織であると同時に，地域の金融機関としての側面も持っている．しかも，その規模および，事業内容からいって，総合農協は専門農協とは比較にならないほど，大きな影響力をもっている．

図1は，京都府の総合農協について，最近10年間における各業務の構成比の推移を，各事業の事業総利益を尺度として，示したものである．販売事業と購買事業を合計して経済事業と呼ぶことにする．経済事業は，平成元年度から平成10年度まで，30%弱でほぼ横這い状態が続いている．信用事業は，平成元年度の約50%から，10年間に30%強まで著しくウエイトを低下させた．反面，共済事業の構成比は，20%強から，33%へと飛躍的に上昇した．これらの数値から，京都府の総合農協では，「一般の事業会社が銀行業務と保険業務を兼業している」というのが，現在の総合農協の姿であることが分かる[1]．

2.2 農協の組織

農協の経営上の特徴は，これまでに述べてきたように，複数の事業を営んでいるという点である．とりわけ，銀行や保険会社は，法制面から業務範囲が厳しく限定されている現状を考え合わせると，農協は経営面で大きなメリットを持っていることが明らかになったであろう．農協のもう一つの特徴と

第8章　金融システム改革と農業協同組合

	平成元年度	2年度	3年度	4年度	5年度	6年度	7年度	8年度	9年度	10年度
■信用事業総利益	48.9	46.0	46.4	44.5	39.0	37.3	37.9	35.7	35.0	32.2
◆共済事業総利益	21.6	23.2	23.2	24.4	27.0	28.7	29.1	30.0	31.5	33.2
▲購買事業総利益	24.6	25.4	25.3	25.6	27.9	27.5	26.4	27.0	26.0	26.3
●販売事業総利益	2.7	2.8	2.7	2.8	3.1	3.1	2.6	2.8	2.9	2.7
▼その他事業総利益	2.1	2.5	2.4	2.6	2.9	3.4	4.0	4.5	4.5	5.6

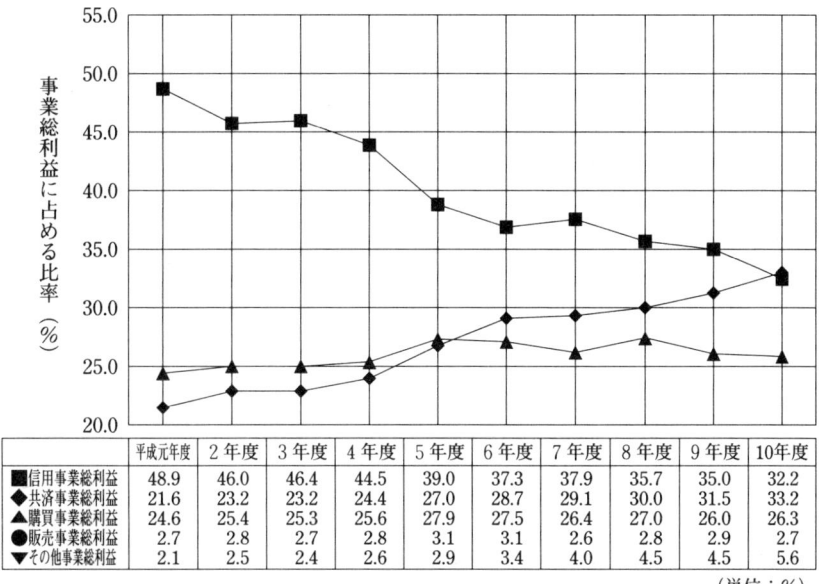

(単位：%)

注：販売事業総利益及びその他事業総利益のグラフは省略した．
出所：京都府農林水産部『平成10年度農業協同組合要覧』（平成11年12月）23ページより転載．

図1　事業総利益の事業別構成比

して，組織面での特徴がある．つまり，農協が営む各事業ごとに，市町村段階の単位農協，都道府県段階の連合会等，全国段階の全国組織という3段階の系統組織が確立されている点を挙げることができる．系統組織の概略は，図2にまとめたとおりである．なお，農林中金は農協の全国連合会ではなく，農林中央金庫法に基づく特殊法人である[2]．京都府の中央会，連合会には，JA京都中央会，JA京都信連，JA京都経済連，JA京都共済連がある．

2.3　農協の組合数の減少

　昭和22年（1947年）に施行・公布された農業協同組合法に基づいて，農協は事業を開始したが，その2年後の昭和24年12月末には，表1のように，総合農協は，全国で13,314組合，京都府で235組合の多くを数えた．その

表1 総合農協数の推移

	昭和24年12月末	30年	35年3月末	40年	45年	50年	55年
全国（組合数）	13,314	12,985	12,221	9,135	6,185	4,942	4,546
昭和24年を100	100.0	97.5	91.8	68.6	46.5	37.1	34.1
京都府（組合数）	235	235	221	198	81	76	76
昭和24年を100	100.0	100.0	94.0	84.3	34.5	32.3	32.3

	60年	平成2年	7年	8年	9年	10年	11年
全国（組合数）	4,303	3,688	2,635	2,472	2,284	2,006	1,812
昭和24年を100	32.3	27.7	19.8	18.6	17.2	15.1	13.6
京都府（組合数）	73	71	69	39	27	19	19
昭和24年を100	31.1	30.2	29.4	16.6	11.5	8.1	8.1

出所：京都府農林水産部『農業協同組合要覧』より作成．

後，度重なる合併により，農協の組合数は激減し，平成11年3月末には，全国で1,812組合，京都府で19組合にまで減少している．（その後，さらに2組合が減少し，17組合になっている．）昭和24年の組合数を100とすると，平成11年には，全国が13.6，京都府が8.1である．組合数の減少する割合は，京都府の方が，全国の減少割合よりも，大きかった．なお，平成11年3月末における京都府内の専門農協は，22組合である．

2.4 京都市の農協

平成11年3月末現在で，京都市内に所在する総合農協は，京都市農業協同組合だけである．この他に，京都府長岡京市に所在する京都中央農業協同組合が，京都市内にも店舗を持ち，営業活動を行っている．京都中央農業協同組合は，平成8年4月1日に，京都市内の北部や，南部の周辺地域の農協と，長岡京市や大山崎町の農協など13組合が，合併して新設された農協であるため，本店が長岡京市であっても，京都市内で営業活動を続けている．

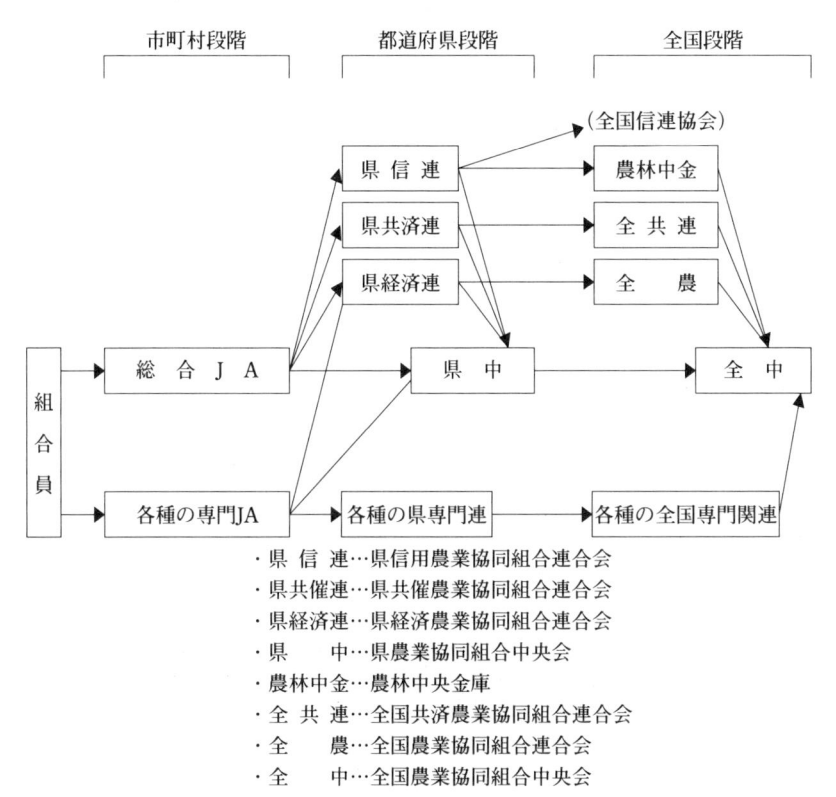

第8章　金融システム改革と農業協同組合

```
市町村段階        都道府県段階         全国段階
                                  （全国信連協会）
              県信連  ──────→  農林中金
              県共済連  ──────→  全 共 連
              県経済連  ──────→  全　　農
組
合  →  総合JA  →  県　中  →  全　中
員
    →  各種の専門JA  →  各種の県専門連  →  各種の全国専門関連
```

・県 信 連…県信用農業協同組合連合会
・県共催連…県共催農業協同組合連合会
・県経済連…県経済農業協同組合連合会
・県　　中…県農業協同組合中央会
・農林中金…農林中央金庫
・全 共 連…全国共済農業協同組合連合会
・全　　農…全国農業協同組合連合会
・全　　中…全国農業協同組合中央会

出所：JAグループ京都のインターネット・Webサイト（http://www.joho-kyoto.or.jp/~jakyoto/sosiki, html）より転載．

図2　JAの組織（機構図）

3. 範囲の経済性とは

3.1 複数生産物生産による費用節約効果

範囲の経済性とは，複数の生産物を別々の企業で，バラバラに生産するよりも，単一の企業でまとめて生産する場合に，費用節約効果が生じることを指している．最も単純な2種類の生産物 (Y_1, Y_2) のケースを想定しよう．

費用水準を C，生産要素価格ベクトルを $P(P=P_1, P_2, \cdots, P_n)$ とすると，

費用関数 $\{C(\cdot)\}$ は第1式のように書ける．

$$C = C(Y_1, Y_2, P) \tag{1}$$

次の第2式が成立する場合，範囲の経済性があるという[3]．

$$C(Y_1, Y_2, P) < C(Y_1, 0, P) + C(0, Y_2, P) \quad Y_1 > 0, Y_2 > 0 \tag{2}$$

第2式を変形し，第3式をもとめると，範囲の経済性の意味が容易に理解することができる．

$$\frac{C(Y_1, Y_2, P) - C(0, Y_2, P)}{Y_1} < \frac{C(Y_1, 0, P)}{Y_1} \tag{3}$$

第3式の左辺の分子は，Y_1 と Y_2 の2種類の生産物をまとめて生産した場合の費用と，Y_2 だけを生産した場合の費用の差である．この費用の差は，換言すれば，Y_2 のみの生産に必要な費用を基準にして，Y_1 と Y_2 を結合生産する際に必要となった費用の増加分である．これを，「増分費用」という．左辺は，生産量 (Y_1) で割っているため，生産物 Y_1 の「平均増分費用」である．他方，右辺は，Y_1 だけを生産するのに必要な「平均単独費用」である．つまり，第3式は，結合生産した時の Y_1 の「平均増分費用」が，Y_1 を単独で生産する「平均単独費用」よりも少ないことを意味している．この場合に，範囲の経済性が存在するという．

3.2 費用の補完性

第2式ないし，第3式から，範囲の経済性を検証するためには，Y_1 と Y_2 のどちらか一方の生産量がゼロになる時の費用水準が必要になるが，現実には大部分のケースで，それを入手することは不可能である．そのため，ほとんどすべての研究において，範囲の経済性の十分条件である「費用の補完性」という概念が導入されている．

この費用の補完性は，2階微分可能な費用関数 $C = C(Y_1, Y_2)$ において，次の第4式のように定義される．

$$\partial^2 C / (\partial Y_1 \partial Y_2) < 0 \tag{4}$$

第4式は，費用関数 C を，たとえば Y_1 で偏微分した偏微分係数 $\partial C / \partial Y_1$

を,さらにY_2で偏微分して得られる.第4式が意味するところは,次のようである.すなわち,ある生産物,たとえばY_1の限界費用$\partial C/\partial Y_1$が,他の生産物Y_2の生産量の増加によって減少することである.上述したように,費用の補完性は範囲の経済性の十分条件であるため,費用の補完性が存在する時には,範囲の経済性も存在する.

4. 金融機関における範囲の経済性:これまでの実証研究

4.1 既存の業態内での範囲の経済性の実証研究

　公益事業や金融業を対象にした範囲の経済性に関する研究が,これまでに多数行われてきた[4].公益事業も金融業も,ともに規制産業であり,規制の効果を明確にするために,範囲の経済性が測定されてきた.わが国において,金融業を対象にした最初の研究は,首藤[1985]である.都銀と地銀を対象に,昭和56年から58年までの各年について実証研究が行われたが,預金業務と他の周辺業務との間に,範囲の経済性を検出できなかった.

　わが国において,保険業を対象にした範囲の経済性に関する研究は,高尾[1987]に始まる.高尾論文は,損害保険業を対象にした.得られた結果からは,範囲の経済性を検出できなかった.わが国の生命保険業を対象にして,範囲の経済性を最初に計測したのが,経済企画庁[1989]である.そこでは,保険業務と資金運用業務との間に,範囲の経済性の存在が確認されている.

　これまでの多くの実証研究における測定結果をみると,金融業において範囲の経済性の存在に関する確定的な解答は出ていないようである.さらに,重要な点は,金融業を対象にした範囲の経済性に関する従来の実証研究の大部分は,既存の業態内での複数業務を対象に研究を進めてきたことである.政府の規制によって業務分野が限定されてきた金融業の実態を考えれば,業態を越えたデータの入手は不可能であり,結果的に研究が既存の業態内に限られることは仕方のないことであろう.しかし,このように既存の業態内での実証研究の結果から,たとえ範囲の経済性が検出されたとしても,それを

根拠として業務分野の拡大を推進し，結果的に範囲の経済性が実現できると主張することは，非常に危険である．しかも，上述したように，既存の業態内を対象にした実証研究の結果からは，範囲の経済性の検出が確定的なものになっていない．

4.2 既存の業態を越えた範囲の経済性の実証研究

既存の業態を越えた研究として，片桐 [1993] がある．片桐論文では，貸出業務，手数料業務，証券業務，信託業務について検討している．推定対象期間は，昭和60年度から平成7年度までとし，また，特にバブル経済の影響が大きかった昭和60年度から63年度までを取り出し検証している．対象金融機関は信託銀行7行とし，また上位4行と下位3行に区分し検証を試みている．計算結果において，特に注目されることは，上位4行の間で，貸出業務，つまり銀行業務と証券業務との間に範囲の経済性が検出されているということである．これは，業務が自由化することによって，信託銀行の上位行では，生産性が高まり，費用が節約されているということである．なお，片桐論文は規模の経済性についても研究を行っているが，これもまた，上位行において著しく検出されている．しかし，片桐論文の対象になった当時は，銀行において認められていた証券業務は，現在に比べて非常に少ない．証券業務といっても，株式・社債の引受，ディーリング業務，ブローキング業務は，銀行には認められてはいなかった．したがって，片桐論文から，既存の業態を越えた業務の自由化による費用節約効果を推定することには，無理があるようである．

4.3 農協を対象にした研究

農業経済学者を中心に，農協とりわけ，総合農協を対象にして，規模と費用の関連性について研究が行われてきた．代表的な研究に，長谷部 [1979] と福田 [1999] がある．長谷部論文では，北海道の総合農協のデータを用いて，規模の経済性を検討している．1975年のデータを使い，コブ・ダグラ

ス関数で計測している．信用事業と共済事業の，それぞれについて，部分的に規模の経済性の存在を確認している．福田 [1999] では，フロンティア費用関数を推計することによって，農協の費用構造を明らかにすることを目指している．1987 年から 1996 年までの期間について，新潟県の総合農協のデータを使って，トランスログ費用関数を推計している．得られた結果は，①すべて対象年度について，規模の経済性が観察されるが，その水準は低下傾向にある，②小規模農協で，強い規模の経済性が観察される，ということであった．

これも既存の業態を越えた研究であるが，総合農協を対象にして，範囲の経済性を分析した研究に，川村 [1991]，近藤・廣政 [1993]，井口 [1994b]，近藤 [1997]，川村 [1999] がある．川村論文 [1991] は 1980 年から 1987 年までの各年のクロスセクション・データを用いて，信用事業，共済事業，購買事業，販売事業の各事業間に範囲の経済性がみられるか否かを検討している．川村論文では，各都道府県の 1 農協当たりの平均値をサンプルとして，計測されている．得られた結果は，信用事業と購買事業との間に，範囲の経済性がみられるということであった．

近藤・廣政論文は，北海道の総合農協について，1985 年から 1989 年までの各年のクロスセクション・データを用いて，川村論文と同じように，信用事業，共済事業，購買事業，販売事業の各事業間に，範囲の経済性がみられるか否かを検討している．川村論文では，上述したように，各都道府県ごとの平均的農協の数値であるため，個々の単位農協における個別の事情がデータに反映されない，といったデータ上の問題を含んでいた．これに対し，近藤・廣政論文は，個々の単位農協を対象にしているため，データ上の問題は解決されている．測定された全期間にわたって，範囲の経済性が検出されるのは，信用事業と販売事業，共済事業と購買事業である．信用事業と共済事業との間には，1988 年を除いて範囲の経済性が確認できる．この結果は，銀行と保険の相互参入が実現すれば，費用節約効果が生じることを予測させる．農協は，現在でも既に生損保兼営を実施しているが，残念ながら，農協

を扱った上述の2論文では，生損保兼営による範囲の経済性については，何ら触れられていない．

井口［1994b］は，滋賀県下の農協について，トランスログ関数を計測している．得られた結果は，信用事業と共済事業について，範囲の経済性が認められている．また，生損保兼営によっても，費用節約効果が生じていることが検証されている．

近藤［1997］は，宮城県の農協を対象に，昭和63年度のデータを用いて，信用，共済，購買，販売の各事業の規模の経済性と範囲の経済性を計測している．得られた結果は，要約すると次のようになる．

① 事業の平均値の規模までは，規模の経済性が存在している．約70の農協は平均値以下であるため，これらの農協おいて規模の経済性が存在している．

② 特定の事業について，規模の経済性を測定すると，信用事業においてのみ規模の経済性が見られる．共済，購買，販売事業については，規模の不経済性が認められた．

③ 信用事業と販売事業，共済事業と購買事業，共済事業と販売事業間で，費用の補完性が見られ，これらの事業間では，範囲の経済性が存在した．

④ 信用事業と共済事業の間では，範囲の経済性が確認できなかった．

川村［1999］は，1994年度から1996年度までの3年間について，『農協経営分析調査』の個表データを用いて，全国の農協を対象にして，規模の経済性と範囲の経済性を検証している．得られた結果は，①規模の経済性は，近年小さくなっている，②範囲の経済性は極めて不安定である，ということであった．

5. 測定方法とモデルの定式化

5.1 測定方法

上述の第4式でもって，範囲の経済性を検証しようと試みた従来の研究の

大部分は，費用関数としてトランスログ関数を用いている．トランスログ関数は，一般的に次のように書ける．

$$\ln C = a_0 + \sum_{i=1}^{m} \alpha_i \ln Y_i + \sum_{j=1}^{n} \beta_j \ln P_j + \frac{1}{2}\sum_{i=1}^{m}\sum_{j=1}^{m} \delta_{ij}\ln Y_i \ln Y_j +$$
$$\frac{1}{2}\sum_{i=1}^{n}\sum_{j=1}^{n} \gamma_{ij}\ln P_i \ln P_j + \sum_{i=1}^{m}\sum_{j=1}^{n} \rho_{ij}\ln Y_i \ln P_j \quad (5)$$

ここでは，生産物を m 種類，生産要素を n 種類と仮定している．ln は自然対数を示している．

実際に規模の経済性と範囲の経済性を推定するために，特定化した費用関数は第5式をもとにして得られた次の第6式である．

$$\ln\begin{bmatrix} ADC \\ ADC + DCT \end{bmatrix} = a_0 + a_1 \ln S + a_2 \ln K + \frac{1}{2}a_3(\ln S)^2 +$$
$$\frac{1}{2}a_4(\ln K)^2 + a_5 \ln S \ln K + a_6 \ln E + u \quad (6)$$

記号：ADC = 事業管理費　　DCT = 各事業の直接費合計
　　　S = 信用事業の生産水準　K = 共済事業の生産水準
　　　E = 経済事業他の生産水準　u = 誤差項

第6式を，最小二乗法でもって推定することにする．

5.2 推定モデルの定式化

範囲の経済性を検証するためには，その十分条件としての費用の補完性が成立すればよいことは，すでに第4式として述べた．第4式は，より具体的には，第7式のように書くことができる．

$$\frac{\partial^2 C}{\partial Y_1 \partial Y_2} = \frac{C}{Y_1 Y_2}\left[\frac{\partial^2 \ln C}{\partial \ln Y_1 \partial \ln Y_2} + \frac{\partial \ln C}{\partial \ln Y_1}\frac{\partial \ln C}{\partial \ln Y_2}\right] < 0 \quad (7)$$

第7式では，通常 $C/(Y_1 \cdot Y_2)$ が正であるから，$[\cdot]$ が負になれば，範囲の経済性が検出されることになる．第7式の $[\cdot]$ 内は，第6式の具体的なパラメータを用いれば，第8式になる．

$$[\cdot] = \{a_5 + (a_1 + a_3 \ln Y_1 + a_5 \ln Y_2)(a_2 + a_4 \ln Y_2 + a_5 \ln Y_1)\} < 0$$

実際の検証では，トランスログ費用関数の近似点（すなわち本章では，各データ群のサンプル平均値$\overline{\ln Y_i} = 0$, ないし $\overline{Y_i} = 1$）で，範囲の経済性を評価する．すなわち，第9式となる．

$$SCOPE \fallingdotseq a_5 + a_1 a_2 < 0 \tag{9}$$

また，複数生産物がある場合の規模の経済性を，すべての生産物を α 倍させた時に，費用が α 倍以下にしか増加しない状態を指すと定義するとしよう．そうすると，複数財生産の場合の全生産物に関する規模の経済性は，第10式が成立する時に存在することになる．

$$\sum_{j=1}^{2}(\partial \ln C/\partial \ln Y_1) = a_1 + a_3 \ln Y_1 + a_5 \ln Y_2 + a_2 + a_4 \ln Y_2 +$$
$$a_5 \ln Y_1 < 1 \tag{10}$$

第10式をトランスログ費用関数の近似点で評価すると，次の第11式が成立する場合に，全生産物に関する規模の経済性が存在することになる．

$$TCALE \fallingdotseq a_1 + a_2 < 1 \tag{11}$$

第6式を推定して得られたパラメータの値を，第9式と第11式に代入して，範囲の経済性と全生産物に関する規模の経済性を，それぞれ検証することにする．

6. 実証分析

6.1 データ

本章では，京都府の共済事業を扱う総合農協37組合（総計は39組合）を分析対象にして，規模の経済性と範囲の経済性について実証分析を行う．統計データは，京都府農林水産部『農業協同組合要覧』から得られた．

『農業協同組合要覧』は，都道府県ごとに作成されている．その作成主体は，各県の農政課であったり，県の中央会であったり，各県で異なる．県中央会が作成した県については，会員のみに配布しているため，全国すべての

都道府県についてデータを入手することは,事実上不可能である.対象となった年次は,データが入手可能な最新年度である平成7事業年度である.平成8事業年度からは,個々の農協に関するデータは公表されなくなった.扱った業務は,信用事業,共済事業,経済事業等である.ここでいう経済事業等とは,信用事業と共済事業以外のすべての事業を総括したものであり,その大部分は購買事業と販売事業の経済事業である.事業規模の尺度として,各事業の事業総利益を用いた.事業総利益とは,事業収益(=収入)から事業直接費を引いたものであり,各事業の粗付加価値に相当する規模尺度である[5].費用については,事業管理費(間接費)と総費用(事業管理費プラス事業直接費)の2種類を用いた.

　本章では,生産要素価格をモデルに組み込まなかった.この種の研究では,生産要素価格として,人件費価格と物件費価格が採用されるケースが大部分であるが,どちらも満足のいくデータが入手できないため,採用しなかった.したがって,本稿で推定するモデルでは,対象としたすべての総合農協について,生産要素価格が同一であると仮定したモデルと同じ形式になっている.このことは,生産要素市場が競争的であることを意味している.特定の時期を対象とし,しかも京都府という限られた地域内で営業活動を行っている総合農協を対象としていることを考え合わせると,人件費価格と物件費価格がすべての総合農協について同一であるという仮定は,現実から大きく離れてはいないと思われる.したがって,推定モデルから,生産要素価格を除いても,推定結果に大きな影響を与えることはないと考えていいだろう.

　なお,本章では,トランスログ費用関数の近似点を,全サンプルからの隔たりが少なくなるように,サンプル平均値とした.したがって,各事業規模を表す各々の規模変数のサンプル値を,それらの変数のサンプル平均値で割った.

6.2 実証結果

　第6式を推定した結果と,そこで得られたパラメータ推定値を第9式と第

表2 測定結果―銀行, 保険, 他業態の兼業の場合

被説明変数	定数項	lnS	lnK	$(lnS)^2$	$(lnK)^2$
lnADC	13.6343	0.3213***	0.5310***	0.0928	0.0952
		(2.7911)	(3.5663)	(1.0812)	(0.6840)
ln(ADC +DCT)	14.8460	0.2705***	0.3795***	0.1041***	0.0903***
		(9.7843)	(9.7626)	(2.3743)	(2.3451)

lnS・lnK	lnE	R2	自由度	SCOPE	SCALE
−0.1845	0.1180**	0.9621	30	−0.0139	0.8523
(−0.8170)	(2.2619)				
−0.2088**	0.3400***	0.9999	30	−0.1061	0.6500
(−2.5628)	(16.3533)				

記号：R2＝自由度調整済み決定係数. （ ）内＝t値.
SCOPE＝範囲の経済性（負の場合に有）.
SCALE＝全生産物に関する規模の経済性（1より小の場合に有）.
***＝両側t検定1％で有意. **＝両側t検定5％で有意.

11式に代入した結果をまとめたのが, 表2である. 表2は, 銀行業務（信用事業）と保険業務（共済事業）との兼業に基づく費用節約効果を, 明らかにするために推定した結果である.

① 費用を事業管理費（間接費）＝ ADC にした場合

lnS, lnK, lnE のパラメータ推定値は正で有意という結果が出たが, それ以外のパラメータ推定値は統計的に有意でない結果が出た. しかし, 範囲の経済性と全生産物に関する規模の経済性は確認することができた.

② 費用を総費用（事業管理費プラス事業直接費）＝ $ADC + DCT$ にした場合

パラメータの推定値は, すべて統計的に有意になっている. サンプルの平均値で評価した範囲の経済性を表す $SCOPE$ の値は, 予想通り負である. また, 全生産物に関する規模の経済性を表す $SCALE$ の値は, 1より小さくなっている. この結果から, 銀行業務と保険業務の兼業から, 費用節約効果が期待されるとともに, 両業務の拡大によって, 農協規模が拡大すれば, 単位当たり平均費用の減少も期待できることが, 明らかになった.

7. ビッグバンと農協経営

7.1 より緩和された業務分野の自由化に向けて

　第6節の実証研究から得られた結果は，銀行業務と保険業務の兼業において，範囲の経済性と全生産物に関する規模の経済性がみられる，ということであった．

　銀行・保険の間の相互参入による業務分野の自由化は，範囲の経済性の実現を通じて，費用節約効果をもたらすことが期待できる．金融業と保険業との相互参入を積極的に進めるべきである．すでに，アメリカでは，多くの州で銀行による保険・年金の窓口販売が開始されようとしている．また，EC諸国では，ドイツではアル・フィナンツ，フランスではバンカシュランスと呼ばれるように，銀行・証券・保険の各業務を1つの金融機関ないし，そのグループで提供することが主流になりつつある[6]．

　確かに，わが国においても，金融業に対する規制が少しずつではあるが緩和される方向へ向かっていて，保険の銀行窓口販売も可能にはなった．しかし，当面の措置として，2001年までに，損保については住宅ローン関連の長期火災保険の販売のみ，生保についてはローン関連の団体信用生保の販売のみ，さらに生保の販売は生保に参入した銀行等の子会社・兄弟会社の生保販売のみを解禁するという極めて限定された内容になっている．とりわけ，生保は現存しない保険の解禁であり，実質は銀行による保険窓口販売は不可能のままとなっている．

　特定の産業に対する政府の規制を厳格に行うことによって，当該産業内での競争を回避することは，短期的に見れば，その業界内の既存企業の利益につながるかもしれない．しかし，厳格な規制を続けている間に，業界を取り巻く経済環境が激しく変化し，とりわけ規制が行われていない分野で，さまざまな技術の進歩等が急速に進展する．その結果，規制されない分野からの競争が生じると，規制で保護されていた分野の企業が，規制されていない新

たな分野で活動している活気あふれる企業との競争に破れるということは，多くの産業ですでに証明されていることである．

　保険業と銀行業との相互参入については，様々な重要課題があるため，より一層の議論が必要であるかも知れないが，早急に相互参入を認めるべきである．業務分野の自由化が行われることによって生じる銀行，証券，保険という異質的な競争は，市場を活性化させ，消費者利益の増大とともに，業界全体にとっても，その利益に貢献することができるであろう．もっと活発な業務分野の自由化を実施する必要がある．

7.2　業務分野の自由化と今後の農協経営

　全国でも京都府でも，程度の差はあるが，いずれも「一般の事業会社が銀行業務と保険業務を兼業している」というのが，総合農協の現在の姿である．農協の経営上の特徴は，複数の事業を営んでいるという点である．とりわけ，銀行や保険会社が，法制面から業務分野が厳しく限定されている現状を考え合わせると，農協は経営面で大きなメリットを持っているということは明らかなことである．

　しかし，業務分野の自由化によって，銀行業や保険業で相互参入が可能になることは，総合農協にとっては，これまで独占してきた兼業による相対的メリットが，失われることを意味している．総合農協は，購買事業や販売事業での赤字を，信用事業と共済事業の黒字でカバーしてきた．信用事業と共済事業での黒字の一部分は，表2の結果からも明らかなように，範囲の経済性によって実現されたものである．信用事業と共済事業に依存した現在の総合農協の，いわゆる「信共依存体制」は，すでに金利の自由化とともに，その維持が困難になりつつある．今後さらに，業務分野の自由化の進展にともなって，この困難がより一層深刻になることが予想される．

　現在考えられる，しかもすでに実行されつつある最も有力な手段が，広域合併である．今回，研究対象になった京都府においても，合併は急速に進み，表1のように，平成11年3月末では総合農協は19組合に減少してしまって

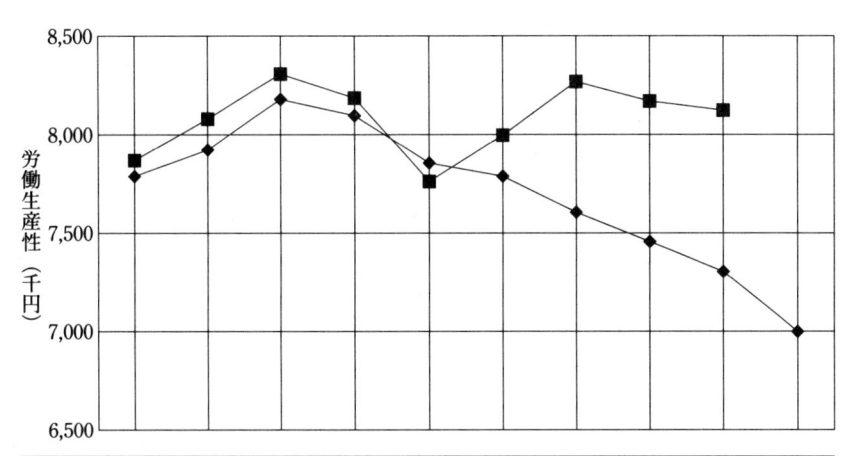

第 8 章　金融システム改革と農業協同組合　　197

	平成元年度	2 年度	3 年度	4 年度	5 年度	6 年度	7 年度	8 年度	9 年度	10年度
■ 全　国	7,893	8,112	8,311	8,185	7,763	7,977	8,282	8,151	8,098	
◆ 京都府	7,822	7,949	8,182	8,097	7,832	7,754	7,621	7,447	7,273	7,006

注：事業総利益（事業収益－事業直接費）／職員数
　　臨時職員，パート等を除く．
出所：図1と同じく，24ページより転載．

図 3　最近 10 年間の労働生産性の推移

いる．全国的に見ても，最近 5 年間で約 1870 ほどの農協が合併により消滅した．しかし，合併が最善の手段であると確定したわけではない．合併が，金融自由化に対抗して，農協が今後も存続し続けるための有力な手段となるかどうかについては，今後一層の検討が必要になるだろう[7]．

　図 3 をみれば，農協の労働生産性が，最近低下していることが分かる．広域合併を行い，各農協の規模が拡大している時期に，労働生産性が低下しているという事実は，規模の経済性が存在するという本章の実証結果と，どのように整合性を持たせて考えたらいいのだろうか．

8. 研究対象として有望な農協

　利用者にとって，望ましい銀行，保険会社とは一体どのようなものであろうか．この問に対する解答はさまざまな視点から与えられるであろうが，

「生産性の高い」ないし「費用節約的」という言葉がその解答の1つとして挙げられるであろう．なぜなら，その理由は「生産性の高い」，あるいは「費用節約的」な銀行，保険会社は，他の銀行，保険会社に比べて安い費用で質のよいサービスを利用者に提供することができるからである．さらに，価格競争が行なわれていれば，価格低下の可能性があるからである．

　本章では，業務分野の自由化により金融機関がどの程度，費用を節約することができるのかという問題を，範囲の経済性を測定することにより明らかにした．実証研究においては，期待通り，相互参入することにより費用を節約できるという結果が出た．

　しかし，本章では，業務分野の自由化の1つである生損保兼営による範囲の経済性については触れなかった．今後の課題としたいが，本章が対象にした平成7事業年度においても，生損保を分離したデータは入手できなかった．データの入手可能性は，ますます困難になっている．また，農協の存続手段の1つである合併についても深く検討しなければならない課題である．さらに，農協の3段階に分かれている系統組織の見直しも，これから考えなければならない研究課題である．

注

1) 農協を始め，わが国の共済事業については，㈳日本共済協会『日本の共済事業』および，『共済年鑑』（『共済と保険―別冊付録』）を参照．
2) 農協とその他の協同組合に関連した従来の研究の一覧が，全国農業協同組合中央会，協同組合図書資料センター『協同組合および農業協同組合に関する文献の目録（1992〜1998年）』（協同組合図書資料センター，文献集・28）1999年12月に記載されている．
3) 範囲の経済性については，Baumol・Panzar・Willig（ボーモル・パンツァー・ウィリグ）[1982] を参照．
4) 範囲の経済性に関する実証研究の展望として，井口 [1994a] がある．本稿では，従来の諸研究のレビューは必要最小限に止めている．詳しくは，井口 [1994a] を参照．
5) 事業の規模尺度に関する議論については，近藤・廣政 [1993] 66ページを参照．

第8章　金融システム改革と農業協同組合　　　　199

6) ドイツのアル・フィナンツについては，今井 [1991] を参照．フランスのバンカシュランスについては，ダニエル（亀井訳）[1996] を参照．
7) 農協改革の今後については，両角 [1996] と松旭 [1996] を参照．

参考文献

Baumol, W.J., J.C. Panzar and R.D. Willig [1982], *Contestable Markets and the Theory of Industry Structure*, Harcourt Brace Jovanovich.
福田龍一 [1999],「総合農協の費用構造分析」『日本農業経済学会論文集』1999年度．
長谷部正 [1979],「農業協同組合の規模の経済性に関する研究」『協同組合奨励研究報告』第4輯, 全国農業協同組合中央会．
長谷部正編 [1997],『農協経営の計量分析』農林統計協会．
井口富夫 [1994a],「金融機関における範囲の経済性に関する実証研究：展望」『龍谷大学経済学論集』第34巻第2号．
井口富夫 [1994b],「業務範囲の自由化によって生じる費用節約効果―農協共済からの推測―」『保険学雑誌』第546号．（井口富夫 [1996],『現代保険業の産業組織―規制緩和と新しい競争―』NTT出版に所収）
今井薫 [1991],「ドイツにおける保険規制とアルフィナンツ」『文研論集』第95号．
ジャン-ピエール・ダニエル（亀井克之訳）[1996],『バンカシュランス戦略』関西大学出版部 (Jean-Pierre Daniel, *Les Enjeux de la Bancassurance*, 2^e edition, Verneuil, 1995)
片桐聡 [1993],「日本の信託銀行における範囲の経済性及び規模の経済性（金融制度改革の経済学）」『フィナンシャル・レビュー』第28号．
川村保 [1991],「総合農協の規模の経済と範囲の経済―多財費用関数によるアプローチ―」『農業経済研究』第63巻第1号．
川村保 [1999],「総合農協の費用関数分析再論」『日本農業経済学会論文集』1999年度．
経済企画庁編著 [1989],『平成元年版経済白書』大蔵省印刷局．
近藤功 [1997],「農協経営における規模と範囲の経済」長谷部正編 [1997]．
近藤功庸・廣政幸生 [1993],「北海道の総合農協における規模の経済性と範囲の経済性に関する計量分析」『北海道大学農経論叢』第49集．
松旭俊作 [1996],「組織を二段階に変え自己完結型の農協経営を目指す」『週刊金融財政事情』第47巻第27号．
両角和夫 [1996],「単なる延命策ではない組織再編が求められる」『週刊金融財政事情』第47巻第27号．
首藤恵 [1985],「銀行業の Scale and Scope Economies」『ファイナンス研究』第4号．

高尾厚 [1987], 「損保事業における "Economies of Scope" の計測：試論」『保険学雑誌』第 518 号.

地域研究の継続：あとがき

井 口 富 夫

　本書は，地域経済の変化が，その地域で活動する企業にどのような影響を与えているか，さらに，その影響を通して市民生活に，いかなる影響があるのかを検討した．地域経済の変化や，その変化が地元企業の行動および住民生活に与える影響は，各地域が抱える深刻な問題のありようによって，大きく異なるかも知れない．しかし，それらを分析するための方法と手段は，大きは変わらないであろう．本書は，具体的な研究対象として京都市とその周辺地域を選んだが，本書で行なわれた議論は，全国どの地域にも適用し得る内容である．その意味では，京都に限定した特殊議論ではなく，普遍性をもった議論であると考えることができる．しかし，その反面，見方をかえれば，いわゆる「歴史都市」としての京都の特殊性を十分に考慮していないという，ある意味では「弱点」をもった議論であるかも知れない．

　長期にわたる不況の波は，京都の企業活動や市民生活にも，深刻な影響を与えている．本研究会のメンバー数人が所属する京都経済研究所が，本年（平成12年）3月末をもって閉鎖された．京都経済研究所の親会社である京都みやこ信用金庫が，経営破綻したことが，その原因である．銀行，生命保険会社，損害保険会社，信用金庫，そして信用組合，いずれの経営破綻をみても，わが国では例外があるとしても，ほとんどのケースで，ワンマン経営者による経営の失敗が倒産の原因であった．京都みやこ信用金庫の場合も，その例外ではないようである．大蔵省の強い圧力が働いたという噂があるが，他信用金庫との無理な合併が，多額の不良債権を生み出し，普段の業務では健全な黒字経営にもかかわらず，経営破綻してしまった．身近にこのような事例が発生すると，コーポレート・ガバナンスのあり方が，改めて問われているように切実に感じられる．

京都は,「古都」ないし「歴史都市」であるとともに,「大学のまち」の側面も持っている. 平成7年10月の「国勢調査」と平成7年5月の「学校基本調査」によれば, 政令指定都市の中で, 人口1000人当たりの学生数は, 京都が95人で他の都市を圧倒している. ちなみに, 第2位は福岡市の67人, 第3位は東京の61人となっており, 最下位は大阪市の16人である. つまり, 京都市は人口1000人当たりでいえば, 大阪市の約6倍の学生がいるまちであることが分かる. このことが原因であるか否かは定かではないが, 京都市は若者の比率が, 全国一高いまちになっている. 平成7年10月の「国勢調査」によれば, 都市の総人口に占める20〜24歳の人口比率は, 京都市が11.0%で全国最高になっている. 京都市内から大学が流出することが問題になっているが, 単に大学が少なくなるだけでなく, 若者が市内から流出していくことにも, 今後は関心を持っておく必要があるように感じられる.

　本書では, 京都市と, その周辺地域における様々な変化を概観し, 現状を把握するとともに, わずかながらでも政策的インプリケーションを提示することを心掛けた. しかしながら, 本書は, 執筆者各人の関心のあるテーマから構成されているため, 京都市と, その周辺地域における様々な変化を網羅するまでには至っていない. 今後は, 京都が抱える多方面にわたる問題点について, たとえば, 大学, 文化財, 寺社仏閣, 家元制度など, 京都に特有の問題および, 京都に集中しているために地元経済に大きな影響を及ぼしている問題について考察し, 伝統産業を含めて「歴史都市」そのものに関する経済学的研究を継続していくつもりである.

　本書の執筆者は, 地域研究は一過性のものであってはならず, 地道に継続してこそ, その真価が世に認められるものと確信している. その意味では, 井口［1992］が長期的な研究計画の第1歩であり, 井口［1996］はその第2歩, そして本書は, 第3歩であると位置付けることができる (参考文献については, 序章を参照). 今後, 4歩目を踏み出すことができるように, と執筆者一同は考えているが, 研究会を取り巻く環境は徐々に劣悪になりつつある.

最後に，研究会の運営および資料収集等で，お世話になった龍谷大学社会科学研究所の吉田栄子さんと，出版に際してご尽力頂いた日本経済評論社の栗原哲也氏と清達二氏のお2人に，心からお礼を申し上げます．

執筆者一覧

井口富夫 ………………序章, 第3章, あとがき
マノジュ L. シュレスタ（甲南大学）……第1章
中村尚司（龍谷大学）………………第2章
山田順一郎（龍谷大学）………………第4章
明石芳彦（大阪市立大学）…………第5章
花田眞理子（立命館大学）…………第6章
守屋晴雄（龍谷大学）………………第7章
長谷川修三（京都銀行）……………第8章

編者略歴

井口富夫（いぐち とみお）

龍谷大学経済学部教授
1949年，大阪に生れる．1977年3月，神戸大学大学院経済学研究科博士課程修了（経済学博士）．同年4月より，龍谷大学経済学部勤務，現在に至る．1983年3月〜1984年9月，カリフォルニア大学サンタバーバラ校経済学部，経済研究員を兼任．専攻，産業組織論，保険論

《主著》
『現代保険業の産業組織』（NTT出版，1996年）
『規制緩和と地域経済』（編著，税務経理協会，1996年）
『地域ダイナミズムの研究』（編著，ミネルヴァ書房，1992年）

地域経済のダイナミズム
—京都の市民と企業—

2000年8月25日　第1刷発行
定価（本体3200円＋税）

編者　井口富夫
発行者　栗原哲也
発行所　株式会社 日本経済評論社
〒101-0051　東京都千代田区神田神保町3-2
電話 03-3230-1661　FAX 03-3265-2993
振替 00130-3-157198

装丁＊渡辺美知子　　シナノ印刷・山本製本

落丁本・乱丁本はお取替えいたします　Printed in Japan
© Iguchi Tomio 2000
ISBN4-8188-1306-0

Ⓡ〈日本複写権センター委託出版物〉
本書の全部または一部を無断で複写複製（コピー）することは，著作権法上での例外を除き，禁じられています．本書からの複写を希望される場合は，日本複写権センター（03-3401-2382）にご連絡ください．